부활의 자리로

부활의 자리로

지은이 | C. S. 루이스
옮긴이 | 윤종석
초판 발행 | 2026. 1. 26.
2쇄 발행 | 2026. 2. 24.
등록번호 | 제1988-000080호
등록된 곳 | 서울특별시 용산구 서빙고로65길 38 두란노빌딩
발행처 | 사단법인 두란노서원
영업부 | 02)2078-3333 FAX | 080-749-3705
출판부 | 02)2078-3330

책값은 뒤표지에 있습니다.
ISBN 978-89-531-5239-7 03230

독자의 의견을 기다립니다.
tpress@duranno.com www.duranno.com

두란노서원은 바울 사도가 3차 전도여행 때 에베소에서 성령 받은 제자들을 따로 세워 하나님의 말씀으로 양육하던 장소입니다. 사도행전 19장 8-20절의 정신에 따라 첫째 목회자를 돕는 사역과 평신도를 훈련시키는 사역, 둘째 세계선교(TIM)와 문서선교(단행본·잡지) 사역, 셋째 예수문화 및 경배와 찬양 사역, 그리고 가정·상담 사역 등을 감당하고 있습니다. 1980년 12월 22일에 창립된 두란노서원은 주님 오실 때까지 이 사역들을 계속할 것입니다.

C. S. Lewis

C. S. 루이스와 함께하는 사순절 묵상

부활의 자리로

C. S. 루이스 지음
윤종석 옮김

두란노

/ 차례 /

+ 둘째 주

자신의 악함을 깨닫는 순간

+ 셋째 주

하나님의 선하신 섭리

+ 넷째 주

거듭난 사람의 기쁨과 영광

+ 다섯째 주

자신을 온전히 내주신 하나님

+ 여섯째 주 세상을 이기신 예수 그리스도

+ 부활절 죽음을 받아들이고 영생을 얻다

편집자 서문

C. S. 루이스는 흔히 20세기 최고의 기독교 변증가로 꼽힌다. 물론 전혀 손색없는 호칭이다. 루이스는 기독교 신앙이 왜 지금도 지적으로 믿을 만한지, 그리고 오늘날 세상을 탐색하고 이해할 수 있는 최고의 세계관을 어떻게 제시하고 있는지를 수많은 생각하는 그리스도인을 위해 탁월하게 정리했다. 《순전한 기독교》, 《스크루테이프의 편지》, 《천국과 지옥의 이혼》, 《네 가지 사랑》 등이 저자의 사후에 더 많이 판매되는 기현상의 큰 비밀이 바로 여기에 있다. 미국과 영국에서 루이스의 책을 출간하는 하퍼콜린스는 2017년에 창사 200주년을 맞았는데, 장담하건대 루이스처럼 계속 인기가 높아지는 작가는 정말 보기 드물다.

작고 후의 인기몰이는 루이스가 기독교 신앙의 선도적 변증가여서만은 아니다. 동시대의 디트리히 본회퍼처럼 루이스는 그리스도인의 삶 자체를 설명하는 일에도 앞장섰다. 루이스의 변증이 위력적인 이유는 그리스도인의 삶을 보는 그의 관점이 많은 사람에게 설득력이 있고 감화를 끼치기 때문이다.

이 묵상집에는 변증가 루이스보다는, 오늘날 우리가 그리스도를 어떻게 따를 것인지 비전을 제시한 선지자 루이스의 면모가 더 많이 담겼다. 많은 기독교 전통에서 부활절을 기념하고자 영적으로 준비하고, 십자가에서 이루신 그리스도의 '장엄한 기적'을 맞이하는 시간을 갖는다. 흔히 사순절이라 칭하는 이 기간에 그리스도인들은 고대하는 심정으로 아침마다 묵상 글을 읽곤 한다. 하나님께 끊임없이 집중하려는 영적 훈련이다. 이 책은 바로 이러한 목적으로 루이스의 방대한 저작에서 글 50편을 모은 것이다. 평소에 접하기 쉽지 않은 책과 에세이가 많지만 루이스 특유의 지혜는 이번에도 변함없다.

유능하고 숙련된 편집자이자 루이스 전문가로서 웹사이트 CSLewis.com의 인기 블로그를 편집하는 재커리 킨케이드가 원고를 선별하는 작업을 맡았다. 이 글들이 독자에게 즐거움을 줄 뿐 아니라 루이스의 말대로 "더 높이, 더 깊이" 하나님이 초대하시는 세계에 입장하는 데 도움이 되기를 바란다.

마이클 G. 모들린

하퍼원(하퍼콜린스 임프린트) 수석 부사장 겸 편집장

C. S. Lewis

Preparing for Easter

사순절 시작

인간에게 내려오신 하나님

죄가 클수록 자비도 커지고、
죽음이 깊을수록 부활도 환히 빛난다。

/ 1일 /

하나님께 더 가까이

마태복음 11:27-30
시편 90:1-6

그리스도인이라면 누구나 동의하겠지만 인간의 영적 건강은 하나님을 얼마나 사랑하느냐와 정비례한다. 그런데 하나님을 향한 인간의 사랑은 본질상 결핍에서 비롯된다. 언제나 상당 부분 그러할 수밖에 없으며, 전적으로 그러할 때도 많다. 분명한 예를 들겠다. 우리는 죄를 용서해 달라거나 환난 중에 붙들어 달라고 간구한다. 그러나 길게 봤을 때 우리 안에 다음과 같은 인식이 깊어질 때(당연히 깊어져야 한다) 그 사실이 가장 분명해진다. 즉 우리 전 존재가 본질상 거대한 결핍이라는 점이다.

초벌 그림만 그려진 미완의 상태이자 텅 비어 있으면서 동시에 너저분하다. 그래서 우리는 하나님을 향해 부르짖는다. 하나님은 얽힌 부분을 풀어 주시고 뜯어진 곳을 봉합해 주실 수 있는 분이기 때문이다.

그렇다고 해서 순전히 결핍에서 비롯한 사랑 외에는 하나님께 아무것도 가져갈 수 없다는 말이 아니다. 더 높은 경지에 이른 영혼들은 그 너머를 가리켜 보인다. 그러나 그들이 서둘러 지적하는 사실이 또 있다. 높은 경지에서 살아갈 수 있다고 감히 착각하여 자신의 결핍을 외면하는 순간, 높은 경지는 더 이상 참된 은혜가 아니라 신플라톤주의적 환상, 심지어 사악한 망상으로 변한다는 것이다. 《그리스도를 본받아》에도 "낮아지지 않고는 높아질 수도 없나니"라는 말이 있다. 창조주 앞에서 "나는 거지가 아닙니다. 나는 바라는 것 없이 주님을 사랑합니다"라고 으스대는 피조물은 무엄하고 미련하다. 하나님께 마치 선물을 선사하듯 사랑을 드리는 사람도 다음 순간에는, 심지어는 바로 그 순간에라도 세리처럼 가슴을 치며 그분 앞에 자신의 궁핍을 아뢸 수밖에 없다.

진실로 사랑을 선물로 주시는 분은 하나님뿐이다. 하나님은 결핍에서 비롯된 우리의 사랑을 너그러이 선뜻 받아 주신다. 그래서 "수고하고 무거운 짐 진 자들아 다 내게로 오라" 하셨고, 구약에도 "네 입을 크게 열라 내가 채우리라" 하셨다. 이렇듯 결핍에서 비롯한 사랑이야말로 인간의 가장 높고, 가장 건강하고, 가장 현실적인 영적 상태와 일치하거나 적어도 주된 요소다. 여기서 도출되는 아주 기묘한 결과는 이것이다. 하나님께 가장 가까워질 때는 어떤 의미에서 인간이 가장 하나님 같지 않을 때다. 충만과 결핍, 주권과 겸손, 의와 회개, 무한한 능력과 도와 달라는 요청, 이보다 서로 닮지 않은 것이 또 있겠는가? 나는 이 역설에 처음 눈뜨면서 충격에 빠졌고, 사랑을 주제로 글을 쓰려던 모든 시도도 물거품이 되었다. 이 역설을 직시하면 그런 결과를 피할 수 없는 것 같다.

"하나님과 가깝다"라는 말에는 두 가지 의미가 있을 수 있는데 이 둘은 구분되어야 한다. 하나는 하나님과 비슷하다는 의미다. 하나님이 지으신 모든 피조물에는 하나님과 비슷한 어떤 면이 있는 듯 보인다. 시간과 공간은 나름 하나님처럼 광대하다. 모든 생물은 하나님처럼 창조적이며 동물은 하나님처럼 활동적이다. 인간은 이성적 존재라는 점에서 동식물보다 더 중요한 유사점이 있으며, 우리가 믿다시피 천사는 인간에게 없는 불멸성과 직관적 지식 면에서 하나님과 유사하다. 이렇듯 동물에 비해 모든 인간(선하든 악하든)과 천사(타락한 천사까지)는 하나님과 더 비슷하다. 그런 의미에서 인간과 천사의 속성은 하나님의 속성에 '가깝다.'

둘째로, '가깝다'는 말에는 근접하다는 뜻이 있다. 이런 의미로 하나님께 '가까운' 사람은 하나님과 연합하여 하나님을 뵙고 하나님을 즐거워하는 최종 상태에 최대한 확실하고도 신속하게 근접하는 중이다. 이처럼 비슷하다는 의미의 가까움과 근접하다는 의미의 가까움을 구분하면, 둘이 반드시 일치하지는 않음을 바로 알 수 있다. 일치할 수도 있지만 그렇지 않을 수도 있다.

비유를 들면 도움이 될 것이다. 마을로 가려면 산을 넘어야 한다고 하자. 중간에 놓인 벼랑 꼭대기는 공간적으로 집에 아주 가깝다. 바로 밑에 집이 있으니 돌을 던지면 집 안에 떨어질 수도 있다. 하지만 암벽 등반가가 아닌 이상 바로 벼랑을 타고 내려갈 수는 없고 마을로 가려면 8킬로미터쯤 빙 돌아가야 한다. 그렇게 **에돌다** 보면 벼랑에 있을 때보다 마을에서 한참 더 멀어지곤 한다. 하지만 공간적으로만 그럴 뿐이고 거리상으로 보면 목욕물과 따끈한 차가 기다리는 집에 훨씬 더 '가깝다.'

하나님은 복되시고 전능하신 창조적 주권자이신 만큼, 우리가 살면서 누리는 행복과 힘과 자유, (정신적 또는 신체적) 생산성 역시 하나님과 비슷한 점이 있다. 그런 면에서 이 모든 것은 하나님께 가깝다. 그러나 이런 선물을 받았다 해서 그것이 성화(聖化)와 필연적 관계가 있다고 보는 사람은 없다. 받은 선물이 아무리 많아도 천국에 들여보내 주는 입장권은 될 수 없다.

벼랑 꼭대기는 마을과 가깝지만 그 벼랑에 아무리 오래 앉아 있어도 목욕물과 따끈한 차에는 조금도 가까워지지 않는다. 마찬가지로 하나님과 비슷하다는 의미의 가까움은 그분이 특정 피조물에게 부여하신 특정 속성으로서 이미 종결되어 고정된 상태다. 그래서 비슷하다는 의미로는 본질상 누구도 하나님께 더 가까워질 수 없다. 반면 근접하다는 의미의 가까움은 말 그대로 점점 가까워지는 것이다. 비슷함은 우리가 감사하든 배은망덕하든 선용하든 오용하든 우리에게 그냥 주어지지만, 근접함은 은혜로 시작되고 유지되긴 해도 우리가 이루어 나가야 한다.

피조물이 각기 다양하게 하나님의 형상대로 지어질 때 피조물의 협력이나 동의는 필요 없었다. 하지만 하나님의 자녀가 되는 것은 다르다. 하나님의 자녀에게 주어지는 비슷함은 비슷한 형상이나 초상이 아니며, 어떤 의미에서 비슷함을 넘어선다. 의지를 내어서 하나님과 합일 내지 연합해야 하기 때문이다. 이 차이는 지금까지 살펴본 모든 차이와 일치한다. 토마스 아 켐피스가 더 잘 표현했듯, 현세에 하나님을 본받으려면 바로 성육신하신 그분을 본받아야 하며, 이렇게 의지적으로 그분을 본받는 과정은 그분이 우리의 속성에 이미 부여하신 비슷한 상태와는 다르다.

우리의 모델은 예수님이다. 갈보리의 예수님만이 아니라 목공소, 다니신 길, 군중, 떠들썩한 요구와 험악한 적개심, 사라진 평화와 사생활, 이런저런 방해거리 등 다양한 일상 속의 예수님이기도 하다. 이것이야말로 분명히 인간 조건과 비슷할 뿐 아니라 인간 조건 속에서 전개되는 하나님의 삶이기 때문이다. 신성 자체와는 아주 묘하게 다른 것이다.

《네 가지 사랑》, "들어가는 말"

죄인에게 임하는 영광

로마서 8:22-27
시편 1:1-3

우선 우리의 질문은 이것이다. 선하신 하나님이 창조하셨는데도 자연은 어떻게 이 상태가 되었을까? 이 질문은 자연이 어떤 식으로 불완전하냐는(교사가 성적표에 쓰듯이 "개선의 여지"가 있느냐는) 의미일 수도 있고, 어떻게 완전히 타락했느냐는 의미일 수도 있다. 전자에 대한 기독교의 답은 (내 생각에) 본래 시간이 지나면서 완성에 이르도록 하나님이 자연을 그렇게 창조하셨다는 것이다. 하나님이 지으신 땅도 처음에는 "혼돈하고 공허"했다가 차차 완성되었다. 여기서도 예의 익숙한 틀이 보인다.

하나님에게서 혼돈한 땅으로 하강했다가 그 혼돈에서 완성으로 다시 상승한다. 그런 의미에서 기독교에는 '진화론' 내지 '발전론'이 어느 정도 내재한다.

그러나 불완전한 자연에서 자연의 완전한 타락으로 넘어갈 때는 아주 다른 설명이 필요하다. 기독교는 타락의 원인을 인간과 천사의 죄에 둔다. 천사는 인간이 아닌 초자연적 권능의 존재지만 피조물이기는 마찬가지다. 대중이 죄 교리를 외면하는 것은 이 시대에 만연한 자연주의 때문이다. 자연주의의 신념에 따르면 자연 외에는 아무것도 존재하지 않으며, 설령 존재한다 해도 그것에 맞서 자연을 보호해 주는 최후 방어선이 있다고 한다. 이 오류를 바로잡아야 죄 교리를 외면하는 시류가 사라진다.

물론 영적 존재에 대한 병적 호기심은 단호히 배격해야 한다. 선조들은 귀신을 너무 의식하다가 사이비 과학의 바다에 표류했다. 우리는 전쟁을 치르는 현명한 시민 같은 태도를 취해야 한다. 즉 적의 첩자가 우리 가운데 침투해 있다는 것은 믿되, 구체적인 소문은 대부분 믿어서는 안 된다. 우리는 다음과 같은 일반적인 진술에 머물러야 하는데, 인간의 속성과 **일부** 겹치는 더 높은 '속성'의 존재가 타락하여 우리에게 내정 간섭을 해 왔다는 것이다. 이런 교리는 개개인의 영적 삶에서 유익한 열매를 맺게 할 뿐 아니라, 자연을 볼 때 가볍게 낙관하지도 비관하지도 않도록 우리를 보호해 준다. 이 세상에는 황홀한 즐거움과 매혹적 아름다움과 짜릿한 가능성이 있지만, 이 모두가 지속적으로 파괴되어 사라지는 중이다. 자연은 마치 좋은 것이 망가진 상태와 같다.

인간과 천사는 하나님이 자유 의지를 주셨기에 죄를 지을 수 있었다. 하나님이 자신의 전능성을 일부 내려놓으신(역시 죽음 같은 이동 또는 하강하는 이동이다) 그만한 이유가 있다. 로봇 같은 세계보다는 차라리 타락할지라도 자유로운 피조물의 세계에서 하나님이 더 깊은 행복과 더 충만한 영광을 이루어 내실(다시 상승시키실) 수 있기 때문이다.

또 하나 따라오는 질문이 있다. 자연 전체의 속량이 인간 속량에서 시작될진대, 결론적으로 자연에서 가장 중요한 존재는 인간 아닐까? 나라면 이 질문에 스스럼없이 "그렇다"라고 답할 것이다. 인간은 우주 유일의 이성적 동물인데, 비록 몸집이 작고 거주지인 지구도 작지만 (앞서 보았듯이) 우주 드라마의 주인공이 되기에 전혀 손색이 없다. 영국의 전래 동화인 《거인 사냥꾼 잭》에서 잭은 가장 왜소한 등장인물이다. 실제로 자연의 시공간 속에서 오직 인간만이 이성적 피조물일 개연성도 내가 보기에는 충분하다. 군계일학이라고도 할 수 있고 그림과 액자의 차이와도 같다. 이는 이미 알려진 '자연 선택'에서 익히 예상되는 결과이기도 하다.

꼭 군계일학이 아니더라도 마찬가지다. 수많은 이성적 종이 있는데 인간만 타락했다 하자. 인간이 타락했기에 하나님은 그를 위해 큰일을 행하신다. 목자가 한 마리 잃은 양을 찾아 나선다는 예수님의 비유와 같다. 인간이 군계일학인 이유가 다른 종보다 잘나서가 아니라 불행과 죄악 때문이라 하자. 그럴수록 하나님의 자비는 바로 인간에게 임한다. 이 탕자를 위해 살진 송아지가 죽임을 당한다. 영원하신 어린양이 실제 죽임을 당하셨다. 우리에게는 공로는커녕 자격조차 없는데도 하나님의 아들이 하강하여 인성을 취하셨고, 그 덕분에 이제 인간은 (이전에 어떤 존재였든) 어떤 의미에서 모든 자연의 구심점이 되었다.

오랜 하강 끝에 상승하는 인간은 모든 자연을 함께 끌어올린다. 자연의 주인이신 그분이 이제 우리 인류 안으로 들어오셨기 때문이다. 각기 다른 태양을 공전하는 머나먼 행성들에 아흔아홉 종이 살고 있는데 그들은 의로워서 속량이 필요 없다 하자. 인류에게 임한 영광이 그들까지도 재창조하고 영화롭게 한다면, 이는 우리가 이미 아는 사실과 잘 맞아떨어진다. 하나님은 우리를 수선해 **원상태로** 복원하시려는 것만이 아니다. 속량된 인류는 타락하지 않았던 인류보다 더 영화롭고, 타락하지 않은 다른 종(우주 어딘가에 그런 종이 있다면)보다 더 영화롭다. 죄가 클수록 자비도 커지고, 죽음이 깊을수록 부활도 환히 빛난다. 넘치도록 더해진 이 영광이 간접적으로 모든 피조물까지

격상시키기에, 타락하지 않은 피조물도 아담의 타락이 복되다 할 것이다.

《기적》, “장엄한 기적”

/ 3일 /

“너희도 온전하라”

마태복음 5:43-48
시편 19:1-8

어렸을 때 나는 치통이 잦았다. 어머니한테 가면 약을 받아 그날 밤은 통증 없이 잘 수 있었는데, 그것을 알면서도 나는 어머니에게 가지 않고 통증이 아주 심해질 때까지 버텼다. 이유는 이렇다. 어머니가 아스피린을 주리라는 데는 의심의 여지가 없지만, 다른 조치를 취한다는 것도 알기 때문이다. 이튿날 아침에 치과에 데려갈 게 뻔한 것이다. 원하는 것을 얻으려면 원치 않는 것까지 받아야만 했다. 원한 것은 즉각적 증상 완화인데 원인 치료까지 함께 받아야 했던 것이다. 게다가 나는 치과 의사를 잘 알았다. 그들은 아프지 않은 다른 이까지 으레 죄다 건드려 놓는다. 하나를 주면 열을 달라는 꼴이니 긁어 부스럼이다.

이렇게 표현해도 된다면 우리 주님도 치과 의사다. 하나를 드리면 전부를 달라 하실 것이다. 많은 사람이 죄 하나를 치료받으려고 그분께 간다. (자위행위나 비굴한 행위처럼) 부끄러운 죄일 수도 있고 (못된 성질이나 폭음처럼) 일상생활을 현저히 망치는 죄일 수도 있다. 물론 주님은 죄를 치료해 주시지만 거기서 멈추지 않으신다. 당신은 그것 하나만 구했을지 몰라도, 일단 주님을 불러들이면 주님은 종합 치료에 착수하신다.

그래서 예수님은 그리스도인이 되기 전에 "비용을 계산해" 보라고 경고하셨다. 이런 말씀과 같다. "잘 들어라. 네가 허락한다면 나는 너를 온전하게 할 것이다. 너 자신을 내 손에 맡기는 순간 너는 거기에 뛰어든 것이다. 그 이하도 아니고 다른 무엇도 아니다. 네게 자유 의지가 있으니 원한다면 나를 밀어내도 된다. 그러나 밀어내지 않을 거라면 알아 두어라. 나는 이 일을 반드시 이룬다. 현세에 네게 어떤 고난이 따르더라도 나는 쉬지 않을 것이고, 죽은 후에 네가 생각지도 못한 정화를 통과해야 한다 해도 너를 쉬게 하지 않을 것이다. 내게 어떤 대가가 따르더라도 마침내 너를 그야말로 온전하게 할 것이다. 나를 기뻐한다고 말씀하신 아버지께서 또한 너를 기뻐한다고 주저 없이 말씀하실 때까지 말이다. 나는 능히 그렇게 할 수 있고 반드시 할 것이다. 그 이하로는 하지 않을 것이다."

그런데 이에 못지않게 중요한 다른 측면이 있다. 예수님은 궁극적으로 당신이 철저히 온전해지지 않는 한 결코 만족하지 않으시지만, 지극히 단순한 의무를 행하려 당신이 내일 내딛는 미약하고 서투른 첫 시도 역시 기뻐하신다는 것이다. 위대한 그리스도인 작가 조지 맥도널드가 지적했듯, 모든 아버지는 아기의 걸음마를 기뻐하지만 장성한 아들의 걸음이 힘차고 자유롭고 당당하지 못하면 만족하지 않는다. 마찬가지로 맥도널드는 "하나님을 기쁘시게 하기는 쉽지만 만족시켜 드리기는 어렵다"라고 말했다.

여기에 담긴 실제 의미는 이렇다. 온전하라고 하나님이 명하셨다 해서 낙심할 필요는 전혀 없다. 선해지려고 계속 시도하면 되고, 설령 지금처럼 실패해도 괜찮다. 넘어질 때마다 하나님이 다시 일으켜 주신다. 당신의 노력으로는 온전함의 근처에도 갈 수 없음을 하나님은 당연히 다 아신다. 그러나 한편 당신이 시작점부터 알아야 할 게 있다. 하나님이 데려가시려는 목적지는 그야말로 온전한 경지다. 당신 자신을 제외하고는 우주의 어떤 세력도 당신을 목적지로 데려가려는 그분을 막아설 수 없다. 당신은 바로 거기에 뛰어든 것이며, 이것을 아는 것이 매우 중요하다. 모르면 중간에 뒷걸음치며 그분께 저항하기 쉽기 때문이다. 우리 대다수는 한두 가지 명백한 골칫거리 죄를 그리스도의 능력으로 극복하고 나면 (말로 표현하지는 않아도) 그것으로 충분하다고 느끼는 경향이 있는 듯하다. 내가 바라던 바를 그분이 다 해 주셨으니 이제 내버려두면 고맙겠다는 것이다. 우리가 하는 말이 있다. "나는 성인(聖人)이 될 생각까지지는 없었어요. 괜찮은 보통 사람이 되고 싶었을 뿐이지." 이런 말을 겸손으로 착각한다.

그러나 이것은 치명적 과오다. 우리는 하나님이 원하시는 수준의 피조물이 될 마음이 없었고 그것을 구하지도 않았다. 문제는 우리 자신이 어떤 존재가 되려 하느냐가 아니라 하나님이 본래 우리를 어떤 존재로 지으셨느냐는 것이다. 하나님이 발명가라면 우리는 발명품일 뿐이고 하나님이 화가라면 우리는 그림일 뿐이다. 하나님이 본래 우리를 어떤 존재로 지으셨는지 우리가 어찌 알겠는가?

사실 하나님은 이미 우리를 이전과 완전히 다르게 변모시키셨다. 오래전 우리는 엄마 뱃속에서 여러 단계를 거쳤다. 한때는 식물 같기도 하고 한때는 물고기 같기도 하다가 임신 초기가 지나서야 인간의 형체를 갖추었다. 초기 단계에 의식이 있었다면, 감히 말하건대 우리는 식물이나 물고기로 아주 만족했을 것이다. 굳이 인간이 되고 싶지 않았을 것이다. 하지만 하나님께는 처음부터 우리를 향한 계획이 있었고 단호히 수행하셨다. 차원이 더 높아졌을 뿐 지금 벌어지는 일도 똑같다. 우리는 이른바 '보통 사람'으로 만족할 수 있으나 하나님은 전혀 다른 계획을 단호히 수행하신다. 그 계획을 피하는 것은 겸손이 아니라 게으름과 비겁함이고, 그 계획에 따르는 것은 교만이나 과대망상이 아니라 순종이다.

《순전한 기독교》, "대가를 계산하기"

/ 4일 /

심판을 즐거워하는 이유

마태복음 25:31-46
시편 67:1-7

그리스도인이 두려워 떠는 주제가 있다면 바로 하나님의 '심판'이다. 심판 '날'은 "그 진노의 날, 그 두려운 날"(첼라노의 토마스가 라틴어로 쓰고 월터 스캇이 영어로 번역한 찬송가 가사 — 옮긴이)이다. 우리는 '죽음의 때와 심판 날에' 구원받기를 기도한다. 고금의 기독교 예술과 문학도 그 두려움을 담아냈다. 물론 기독교의 심판 개념은 우리 주님 자신의 가르침까지 거슬러 올라간다. 특히 양과 염소를 나누는 무서운 비유를 읽을 때 뜨끔하지 않을 사람은 없다. 그도 그럴 것이 염소가 정죄당하는 이유는 전적으로 부작위의 죄, 곧 마땅히 해야 할 일을 하지 않은 죄 때문이다. 마치 우리에게 이런 확신을 심어 주는 것 같다. 개개인의 가장 중한 범죄는 자신이 행한 일이 아니라 하지 않은 일, 어쩌면 꿈에도 생각지 못한 일이라고 말이다.

그래서 시편 기자들이 하나님의 심판을 어떻게 말하는지 처음 보았을 때 나는 크게 놀랐다. 그들은 이렇게 말한다. "온 백성은 기쁘고 즐겁게 노래할지니 주는 민족들을 공평히 심판하시며"(시 67:4). "밭(은) … 즐거워할지로다 그때 숲의 모든 나무들이 여호와 앞에서 즐거이 노래하리니 그가 임하시되 땅을 심판하러 임하실 것임이라"(시 96:12-13). 모든 사람이 심판을 즐거워하는 것 같고 심판을 구하기까지 한다. "여호와 나의 하나님이여 주의 공의대로 나를 판단[심판]… 하소서"(시 35:24).

이유는 금세 밝히 드러난다. 고대 유대인도 하나님의 심판을 재판처럼 생각했다. 그리스도인은 자신이 피고인인 형사 사건으로 보는 데 반해, 유대인은 자신이 원고인 민사 사건으로 보았다는 것이 차이점이다. 우리는 무죄 선고나 사면을 바라지만, 유대인들은 확실한 승소와 충분한 손해 배상을 바랐다. 그래서 그들은 "나를 공판하시며 나의 송사를 다스리소서"(시 35:23)라고 기도했다.

앞서 말했듯이 우리 주님은 양과 염소 비유를 들어 기독교 특유의 관점을 제시하셨지만, 다른 비유에서는 지극히 유대인다운 모습을 보이신다. 주님이 말씀하신 "불의한 재판장"이 무슨 뜻인지 잘 보라. 대다수 사람은 이 문구에서 제프리스 판사(17세기에 "교수형 판사"로 악명을 떨친 조지 제프리스 — 옮긴이)나 나치 정권하의 판사를 떠올린다. 이런 판사들은 증인과 배심원을 윽박질러 무죄한 사람에게 유죄를 선고한 뒤 잔혹한 벌을 내렸다. 우리가 생각하는 것 역시 형사 재판이다. 그래서 자신이 피고인이 되어 그런 재판장 앞에 설 일이 없기를 바란다.

그러나 비유 속의 불의한 재판장은 사뭇 다른 인물이다. 누구든 그의 법정에 억지로 불려 갈 위험은 없다. 오히려 법정에 설 수 없다는 점이 문제다. 이것은 명백히 민사 사건이다. 본문의 여인(눅 18:1-5)은 돼지나 닭을 겨우 칠 만큼 좁은 땅을 동네 유지인 부자(요즘이라면 개발업자나 무슨 '단체'쯤 될 것이다)에게 억울하게 빼앗겼다. 반론의 여지가 없는 사건이라서 일단 법정에 들어가 국법대로 재판을 받을 수만 있다면 반드시 땅을 되찾으리라는 것을 그녀는 안다. 그런데 아무도 그녀의 진정(陳情)을 들어 주지 않으니 재판이 열릴 리 없다. 당연히 그녀는 '심판'을 갈구한다.

우리는 겪어 보지 못했지만, 이런 현실 배후에는 아주 오래되고 거의 전 세계적인 관행이 깔려 있다. 시대와 지역을 불문하고 '약자'가 법정에 억울함을 호소하는 것은 너무 힘든 일이다. 판사에게(틀림없이 하급 직원 한둘에게도) 뇌물을 주어야 했고 돈을 찔러 줄 형편이 안 되면 법정에 가 보지도 못했다. 오늘날 영국 판사는 뇌물을 받지 않는다(너무 당연해서 우리는 이것이 복인 줄도 모른다). 그러므로 시편과 선지서에 심판을 사모하는 마음이 가득하고 심판 예고가 기쁜 소식으로 여겨지는 점에 놀라서는 안 된다. 너무나 억울하게 전 재산을 빼앗긴 수많은 사람에게 마침내 법정에서 발언할 기회가 주어진다. 그들이 심판을 두려워하지 않는 것은 당연하다. 자신의 송사를 들어 줄 재판장만 있다면 반론의 여지가 없음을 알기 때문이다. 마침내 하나님이 오셔서 심판하시는 때가 바로 그때다.

많은 본문에 이 점이 분명히 나와 있다. 시편 9편에 보면 하나님은 "정직으로 … 판결을 내리시"는데(8절) 그 이유는 "가난한 자의 부르짖음을 잊지 아니하시"기 때문이다(12절). 하나님은 "과부의 재판장"이시다(시 68:5). 시편 72편 2절의 선한 왕은 "백성을 공의로 재판하며 … 가난한 자를 정의로 재판"한다. 하나님은 "심판하러 일어나신" 때에 "땅의 모든 온유한 자를 구원"하신다(시 76:9). 여기서 온유한 자란 억울함을 끝내 풀지 못한 모든 심약하고 무력한 이를 의미한다. 또 하나님은 세상 재판장들의 "불공평한 판단"을 책망하시면서 빈궁한 자에게 "공의를 베풀"라고 명하셨다(시 82:2-3).

이렇듯 '공정한' 재판장은 주로 민사 사건에서 불의를 바로잡는 사람이다. 그런 재판장이라면 당연히 형사 사건도 공정하게 재판하겠지만, 시편 기자들이 형사 사건을 생각한 경우는 거의 없다. 그리스도인은 하나님께 정의 대신 자비를 구하지만, 시편 기자들은 하나님께 불의 대신 정의를 구했다. 재판장 하나님은 우리를 변호하여 구명하신다. 학자들에 따르면 사사기에 나오는 '사사'(판관)는 '투사'로 옮겨도 무방하다고 한다.

이들 판관은 실제 재판장 역할을 할 때도 있었지만, 다수는 블레셋 등 외세에 압제당하는 이스라엘 백성을 무력으로 해방시키는 데 더 주력했다. 그들은 법복을 입은 판사보다 거인 사냥꾼 잭에 가깝다. 기사단 모험담을 보면 기사들이 곤경에 처한 처녀와 과부를 거인과 폭군에게서 구하며 다니는데, 이는 고대 히브리어에서 말하던 '재판장'의 모습과 흡사하다. 무료 변론을 통해 가난한 의뢰인을 불의에서 구해 주는 오늘날의 변호사도 마찬가지다(나도 그런 사람들을 알고 있다).

하나님의 심판을 보는 기독교의 관점은 유대교의 관점보다 훨씬 깊고 우리 영혼에 훨씬 안전하다. 나는 그 근거가 아주 탄탄하다고 본다. 하지만 유대교의 개념을 버려야 한다는 뜻은 아니다. 적어도 나는 여전히 거기서 풍부한 영양분을 얻는다.

유대교의 관점은 한 가지 중요한 면에서 기독교의 관점을 보완한다. 기독교의 경우, 난감하게도 우리의 행동을 심판할 기준은 완전무결하다. 알다시피 그 기준에 부합하는 사람은 아무도 없다. 너 나 할 것 없이 마찬가지다. 그래서 우리의 선(善)이 아니라 그리스도께서 이루신 일과 하나님의 자비에 소망을 두어야 한다. 그런데 고대 유대인의 민사 소송이 예리하게 일깨워 주는 것이 있다. 하나님의 기준만이 아니라(그건 당연하다) 인간의 기준으로도 우리는 유죄라는 것이다. 상식적인 사람이라면 누구나 인정하면서 대체로 타인에게 적용하려 드는 것이 바로 인간의 기준이다.

하지만 우리도 남을 억울하게 만들어 원한을 산 적이 있다. 고용주와 종업원, 남편이나 아내, 부모와 자녀를 대할 때(자비나 관용은 고사하고) 항상 정직하고 공정했다고 자신할 사람이 과연 있겠는가? 언쟁하든 협력하든 마찬가지다. 물론 우리는 자신이 끼친 손해는 대부분 잊는다. 하지만 피해자는 설령 용서할지언정 잊지는 않으며, 하나님도 잊지 않으신다. 게다가 우리 기억에 남아 있는 것만 해도 충분히 엄청난 양이다. 학생이나 환자나 의뢰인(각자의 '소비자'를 뭐라고 부르든)에게 자신이 받는 보수만큼 항상 충분히 일해 주는 사람은 별로 없다. 힘든 일을 동료나 짝에게 교묘히 떠넘길 수 있다면 자기 몫조차 감당하지 않을 때가 있다.

기독교의 개념과 유대교의 개념을 모두 유념해야 하지만, 둘이 어떻게 다른지 보여 주는 좋은 예는 언쟁이다. 물론 그리스도인은 토론을 언쟁으로 몰아간 자신의 분노와 악의와 아집을 모두 회개해야 한다. 하지만 한참 낮은 차원에서 던져야 할 질문이 있다. 일단 언쟁이 불거진 상태에서(이것은 나중에 살펴볼 것이다) 당신은 공정하게 싸웠는가? 아니면 사안 전체를 고의로 왜곡했는가? 다른 이유로 화난 척하지 않았는가? 사실은 자신이 훨씬 유치한 이유로 화났음을 알았거나 알 수 있었으면서도 말이다. 예민하고 감정이 여려서 '상처'를 입은 것이라고 속이지 않았는가?(인간의 본성은 예민해서 아주 쉽게 상처받는다.) 사실은 시기심, 채우지 못한 허영심, 꺾인 아집 등이 진짜 문제였는데도 말이다.

이런 작전은 대개 통한다. 그래서 상대는 항복한다. 그들이 항복하는 이유는 우리의 진짜 문제를 몰라서가 아니라 익히 너무나 잘 알기 때문이다. 치부를 들춰냈다가는 긁어 부스럼이 되어 관계가 온통 위태해질 수 있기 때문이다. 수술이 필요한데 수술을 거부하리라는 것도 그들은 안다. 이렇게 우리는 속임수를 써서 이긴다. 하지만 상대도 부당함을 절절히 느낀다. 이른바 '예민함'은 가정 안에서 횡포를 부릴 때 가장 막강한 힘이며, 이런 횡포가 평생 갈 때도 있다. 타인의 이런 모습에 어떻게 대처해야 할지는 나도 잘 모르지만, 그런 모습이 자신에게 보일 때는 초반에 가차 없이 도려내야 한다.

《시편 사색》, "시편이 말하는 '심판'"

온전하라고 하나님이 명하셨다 해서

낙심할 필요는 전혀 없다.

선해지려고 계속 시도하면 되고,

설령 지금처럼 실패해도 괜찮다.

넘어질 때마다 하나님이 다시 일으켜 주신다.

C. S. Lewis

Preparing for Easter

첫째 주

예수님이 주시는 새 생명

하나님이 내려오심은 파멸에 떨어진
온 세상을 이끌고 다시 올라가시기 위해서다。

진정한 인간이 되신 그리스도

빌립보서 2:1-11
시편 18:6-11

하나님의 아들이 인간이 되신 것은 인간을 하나님의 자녀로 삼기 위해서다. 인류가 하나님께 반기를 들고 원수 편에 서지 않았다면 어떻게 되었을지 우리는 모른다. 적어도 나는 모른다. 태어나는 순간부터 모든 사람이 '그리스도 안에' 있어 하나님의 아들이신 그분의 생명을 공유했을 수도 있다. 자연적 생명 비오스(Bios)는 영원한 생명 조에(Zoe) 속으로 당연히 단번에 흡수되었을 것이다. 하지만 그것은 추측일 뿐이고 당신과 나의 관심사는 현재의 실상이다.

현재의 실상에서 두 생명은 서로 다른 정도가 아니라(항상 달랐다) 아예 맞선다. 우리가 저마다 타고난 자연적 생명은 자기중심적이다. 그래서 칭찬받으려 응석 부리고, 타인의 삶을 이용하고, 온 우주를 착취하려 든다. 특히 자기보다 낫거나 강하거나 높은 것, 자기를 왜소하게 만드는 것이라면 무엇이든 멀찍이 거리를 두고 외톨이로 남으려 한다. 이 자아는 영적 세계의 빛과 공기를 두려워한다. 성장기에 잘 씻지 않던 사람이 커서도 목욕을 싫어하는 것과 같다. 어떤 면에서는 당연하다. 행여 영적 삶에 붙잡히기라도 하면 자기중심성과 아집이 모두 결딴난다는 것을 본인도 안다. 그래서 상황을 모면하려고 필사적으로 싸우려 드는 것이다.

장난감이 살아 움직인다면 얼마나 재미있을지 어린 시절에 생각해 본 적이 있는가? 당신이 장난감을 살려 낼 수 있다고 해 보자. 양철 병정이 진짜 꼬마 인간이 되려면 양철이 살로 변해야 한다. 그런데 양철 병정이 이를 싫어한다. 그는 살이 돋아나는 것에는 관심이 없고 양철이 망가진다고만 생각한다. 당신이 자기를 죽인다는 것이다. 그래서 무슨 수를 써서라도 그 일을 막으려 한다. 할 수만 있다면 어떻게든 사람이 되지 않으려 한다.

당신이 그 양철 병정을 어떻게 할지는 모르지만 하나님이 우리에게 하신 일은 이렇다. 제2위격이신 성자 하나님은 친히 사람이 되셨다. 실제 인간이 되어 세상에 태어나셨다. 키와 몸무게와 머리색이 있으며 진짜 언어를 쓰신 실존 인물이었다. 모든 것을 아시고 온 우주를 창조하신 영원하신 존재가 인간이 되셨을 뿐 아니라, 그전에는 아기였으며, 그전에는 태아 상태로 여자의 몸속에 있었다. 이것을 조금이나마 실감해 보려면 당신이 달팽이나 게가 되어도 좋겠는지 생각해 보라.

그 결과 예수님은 진정한 인간이 되셨다. 모든 인간 본연의 모습이었다. 그분은 모태에서 몸이 나셨지만 온전히 하나님의 독생자이시고, 피조물인 인간으로 오셨지만 온전히 성자 하나님이시다. 그리스도의 생명이 한순간에 인성을 입으신 것이다. 타고난 생명을 어떤 의미에서 '죽여야' 하는 것이 우리 인간의 큰 난제다. 그래서 예수님이 이 땅에서 자청하신 삶도 가난, 가족의 오해, 친한 친구의 배신, 공권력의 조롱과 폭력, 고문과 처형 등 어떤 경우에든 자신의 인간적 욕구를 죽여야 하는 삶이었다. 어떤 의미에서 날마다 죽으신 것이다. 그런데 인간이라는 피조물로 오신 그분은 성자 하나님이기도 하셨기에, 그렇게 죽으신 후 다시 살아나셨다. 하나님만이 아니라 인간 그리스도도 부활하셨다. 그것이 핵심이다. 처음으로 우리는 진정한 인간을 보았다. 한 양철 병정이 다른 병정들처럼 정말 양철이었는데, 장엄하게 온전히 살아났다.

물론 양철 병정 예화는 여기서 한계에 부딪친다. 장난감 병정이나 인형은 하나가 살아나도 나머지는 전혀 달라지는 바가 없다. 모두 별개 존재일 뿐이다. 그러나 인간은 그렇지 않다. 인간도 각자 살아가니 떨어진 개체인 듯 보이지만, 그것은 현 순간만 볼 수 있도록 지어졌기 때문이다. 과거까지 볼 수 있다면 당연히 다른 것이 보인다. 모든 인간은 한때 어머니의 일부였고 그전에는 아버지의 일부이기도 했다. 거슬러 올라가면 조상의 일부였다. 하나님이 보시듯 고금의 인류를 한눈에 볼 수 있다면, 인류는 점점이 흩어진 다수의 개체가 아니라 무성하게 성장하는 한 그루 나무처럼 보일 것이다. 한 개인은 모두와 연결되어 있다. 서로 나누어지지 않을뿐더러 하나님과도 떼려야 뗄 수 없는 관계다. 온 세상 남녀노소가 이 순간에도 무언가를 느끼고 숨을 쉴 수 있는 이유는 순전히 하나님이 그들의 생명을 유지시키고 계시기 때문이다.

이렇듯 그리스도께서 인간이 되신 것은 양철 병정이 인간이 되는 것과 다르다. 그리스도는 예전부터 늘 온 인류에게 영향을 미치셨지만, 영향을 미치는 방식이 새로워진 것이다. 그 효력이 온 인류에게 퍼져 나간다. 그리스도 이후에 사는 사람뿐 아니라 그분 이전에 살았던 사람과 그분에 대해 들어 본 적이 없는 사람에게까지 영향이 두루 미친다. 마치 컵에 무언가를 한 방울 떨어뜨리면 그 물의 맛이나 색이 달라지는 것과 같다. 물론 이런 예화에는 허점이 있다. 결국 하나님은 그분 자신일 뿐이며, 그분이 하시는 일은 무엇과도 다르다. 어찌 그렇지 않겠는가.

그렇다면 예수님이 전체 인류에게 가져오신 변화는 무엇인가? 바로 이것이다. 하나님의 자녀 됨, 피조물이 변하여 그분이 낳으신 자녀가 됨, 덧없는 생물학적 생명이 변하여 영원한 '영적' 생명이 됨, 이런 일들이 우리를 위해 이미 이루어졌다. 원칙적으로 인류는 이미 '구원받았다.' 개개인이 구원을 자신의 것으로 받아들이면 된다. 우리 힘으로 할 수 없는 정말 어려운 일이 우리를 위해 이미 이루어졌다. 우리가 노력해서 영적 생명에 기어오를 필요가 없다. 그 생명이 이미 인류에게 내려왔다. 예수님께 마음을 열기만 하면 예수님이 우리 안에 생명을 주신다. 예수님 안에는 생명이 충만하며, 예수님은 하나님이지만 진정한 인간이시기도 하다. 내가 말했던 "좋은 전염"을 잊지 말라. 인간으로 오신 그분께 이 새 생명이 있다. 그분께 가까이 가기만 하면 그분에게서 그것을 받을 수 있다.

물론 이 내용은 아주 다양하게 표현할 수 있다. 그리스도께서 우리 죄를 위해 죽으셨다고 말할 수도 있다. 우리가 했어야 할 일을 그리스도께서 대신해 주셔서 하나님 아버지께서 우리를 용서하셨다고 말할 수도 있다. 어린양의 피로 우리가 씻음받았다고 말할 수도 있다. 그리스도께서 사망을 이기셨다고 말할 수도 있다. 모두 사실이다. 이 가운데 어느 것도 와닿지 않거든 당신에게 와닿는 표현을 찾으라. 그 표현이 무엇이든, 다른 사람의 표현이 당신과 다르다는 이유로 그들과 싸우지 말라.

《순전한 기독교》, "고집 센 장난감 병정들"

인간 본연의 갈망

요한일서 4:7-16
시편 42:1-11

사랑은 눈물처럼 따뜻하니
사랑은 눈물이라.
뇌리의 압박감,
목메는 긴장감,
홍수, 몇 주간 내린 비,
떠내려가는 건초 더미,
한때 푸르던 울타리 사이로
표정 잃은 바다.

사랑은 불처럼 맹렬하니
사랑은 불이라.
온갖 불, 지옥의 열기,
요란한 탐욕과 교만,
톡 쏘듯 달콤한 서정적 욕망,
퇴짜 맞고 짓는 웃음,
모든 사랑의 근원인
천상의 불꽃.

사랑은 봄처럼 싱그러우니
사랑은 봄이라.
대기에 감도는 새소리,
상큼한 숲 냄새,
편히 쉬는 것도 좋지만
그것이 최선은 아니니
온몸을 불살라
모험하라는 속삭임.

사랑은 못처럼 단단하니
사랑은 못이라.
그분의 중추 신경에 박힌

뭉툭한 대못,
우리를 지으시고
훤히 아시는 그분,
그분이 보시는 우리의 십자가,
그분의 십자가.

Poems(시집), "눈물처럼 따뜻한 사랑"

* * *

찾고 나서 보니 만족이 없다면 그것은 갈망하던 것이 아니라네. 물을 마셔도 해갈되지 않는다면 그 사람을 괴롭힌 것은 분명히 갈증이 아니었거나 갈증만은 아니었겠지. 지루함을 달래려고 술에 취하고 싶었거나 고독을 달래려고 말하고 싶었거나 그랬겠지. 갈망이 충족되어 보지 않고서야 우리의 갈망이 무엇이었는지 어떻게 알 수 있겠는가?

"아, **이것이** 내가 바라던 바였구나"라는 말이 나와야 갈망인 거지. 인간 본연의 갈망인데 인간 스스로 채울 수 없다면, 그 갈망의 성격은 그에게 항상 모호한 상태로 있지 않을까? 옛이야기처럼 인간이 여전히 인간인 채로 이 나라를 벗어나 꿈같은 동쪽과 서쪽으로 갈 수 있다면, 우선 자신이 걸어온 머나먼 갈망의 여정을 돌아보는 그에게 모든 굽잇길이 똑똑히 보일 걸세. 축배를 들고 화관을 쓰고 배우자와 입 맞추는 성취의 순간, 찾고 나면 그게 바로 자신이 구하던 바일 걸세.

나는 이제 늙어 눈물이 많아졌는데, 자네들도 인간의 타고난 비애를 느끼기 시작한 게로군. 희망일랑 버리되 갈망은 버리지 말게. 얼핏얼핏 보이는 자네들의 섬(갈망하는 세계를 상징한다 — 옮긴이)은 시시해 보이거나 펌훼되기 쉬우니 놀라지 말게. 무엇보다 그것을 붙잡아 두려 하지 말게. 그 광경이 처음 떠오른 장소나 시간으로 돌아가지 말라는 걸세. 그랬다가는 이 나라보다 큰 그것을 이 나라의 어떤 장소나 시간에 묶어 두려는 모든 사람처럼, 자네들도 대가를 치를 걸세. 우상 숭배의 죄에 대해 성직자들에게 듣지 못했는가? 또 그들의 역사책에서 보듯 누구든 만나를 쌓아 두면 벌레가 생겼다네(출 16:19-20 참고 — 옮긴이). 탐욕과 집착은 금물일세. 그렇지 않으면 자네들의 뜨겁고 거친 손으로 자네가 사랑하는 것을 끌어안아 가슴으로 짓눌러 죽이고 말 걸세.

자네들이 갈망하는 것이 실재하는 것인지 의심이 들거든 여태 경험으로 배운 교훈을 떠올려 보게. 의심은 **감정**에 불과함을 생각하게. 그 생각만 떠올려도 감정은 즉시 힘을 잃는다네. 정신에 보초를 세우고 그 감정을 지켜보게. 그러면 뭐랄까. 마음의 동요, 머릿속의 잔영, 목의 울컥함이 감지될 텐데, 자네들이 갈망하는 게 **그것**인가? 그렇지 않다는 것을 자네들도 알지 않는가. **감정**을 아무리 정제해도 감정은 또 하나의 가짜 빚쟁이일 뿐 참만족을 주지 못한다는 것도 알 테고 말이지. 감정이란 그 거인(시대정신을 상징한다 — 옮긴이)이 떠벌리는 천박한 정욕만큼이나 가짜니까.

그러니 결론은 이렇다네. 자네들이 갈망하는 것은 자신의 어떤 상태가 아니며, 바로 그렇기 때문에 외부의 타자일세. 이것만 알면 자네들이 '그것'을 얻을 수 없다는 사실도 견딜 만해질 거야. 그것이 **있어야만** 한다는 것이 워낙 큰 가치라서, 실제로 어딘가에 **있다는** 것을 기억하면 그것을 가질 수 없어도 딱히 서운하지는 않을 걸세. 가질 수 있는 것이라면 그것보다 훨씬 못할 테고, 훨씬 못한 것이라면 갈망 자체에도 턱없이 못 미칠 테니 말일세. 결핍이 소유보다 나은 법이지. 우리가 어떤 세상에서 살게 되든 그 세상의 영광은 결국 겉모습이라네. 그런데 내 아들이 말했듯이 그래서 세상은 더 영광스러운 곳이지.

《순례자의 귀향》, "공개된 지혜"

/ 6일 /

기독교 교리의 진실성

고린도전서 1:26-31
시편 97:1-7

아니다. 거대한 우주를 두려워해야 하는 쪽은 기독교가 아니라, 우리가 사는 행성의 생물학적 또는 사회적 진화에서 존재의 의미를 찾으려 드는 온갖 이념이다. 밤하늘을 보며 떨어야 할 사람은 창조적 진화주의자, 앙리 베르그송이나 조지 버나드 쇼의 추종자, 공산주의자 등이다. 그들은 침몰 중인 배에 운명을 걸었기 때문이다. 과학으로 밝혀진 사실까지도 그들은 애써 무시한다. 마치 행성 하나의 가설적 진화에 집중하면 온 우주의 필연적 퇴화를 잊을 수 있다는 듯 말이다. 우주는 기온

이 점점 낮아지면서 돌이킬 수 없이 무질서해지는 쪽으로 흐르고 있다. 엔트로피는 실제로 우주를 덮치는 파도지만, 진화는 잠시 지구에 이는 잔물결에 불과하다.

그래서 누구보다도 그리스도인에게 기존의 지식은 별로 두려워할 게 못 된다. 하지만 서두에 말했듯이 이것이 근본적 답은 아니다. 과학 이론은 한없이 유동적이어서 지난 세기보다 오늘 훨씬 우호적인 듯하다가도 내일이면 적으로 돌아설 수 있다. 근본적 답은 다른 데 있다.

다시 떠올려 보자면 우리가 답하려는 질문은 이것이다. 지식은 계속 증가하는데 어떻게 불변의 요소가 살아남을 수 있을까? 그 일이 어떻게 가능한지 우리가 잘 아는 사례가 적지 않다. 원숙한 학자가 플라톤의 명문을 읽으며 형이상학과 수려한 문체, 그 둘이 유럽 역사에서 차지하는 위상을 한눈에 간파한다 하자. 이 학자는 그리스어 알파벳을 배우는 아이와는 입장이 크게 다르다. 그러나 그 방대한 정신적, 정서적 활동은 모두 알파벳이라는 불변의 요소로 이루어진다. 알파벳은 새로운 지식이 등장해도 무너지거나 폐기되지 않는다. 알파벳이 변한다면 모든 것이 혼란에 빠질 것이다.

이번에는 위대한 그리스도인 정치가가 어떤 법안의 도덕성을 평가한다 하자. 경제적, 지리적, 정치적 요인이 아주 복잡하게 맞물려 무수히 많은 사람에게 영향을 미칠 법안이다. 이 정치가는 누구도 속임수를 쓰거나 거짓말하거나 무죄한 사람을 해쳐서는 안 된다는 도덕을 처음 배우는 아이와는 입장이 다르다. 그러나 그의 평가가 도덕성을 갖추려면, 어려서부터 배운 기본 도덕이 고스란히 남아 있어야 한다. 그게 없다면 그는 달라졌을 뿐 발전한 것은 아니다. 핵심이 불변으로 남지 않는 한, 변화는 발전이 아니다. 참나무 묘목은 자라서 참나무 거목이 된다. 너도밤나무가 된다면 그것은 성장이 아니라 변화일 뿐이다. 세 번째 예로, 사과가 몇 개 있는지 세는 것과 현대 물리학의 공식을 알아내는 것은 사뭇 다르다. 그러나 양쪽 모두에 구구단이 쓰인다. 구구단은 시대에 따라 바뀌지 않는다.

다시 말해서 지식이 진정 발전한 곳마다 대체 불가 지식이 존재한다. 실제로 발전이 가능하려면 불변의 요소가 있어야 한다. 새 포도주를 새 부대에 넣는 일이야 늘 좋지만 미각과 식도와 위장까지 바뀌지는 않는다. 만약 바뀐다면 아예 '포도주'로 느껴지지 않는다. 누구나 동의하겠지만 단순한 수학 공식도 이런 불변의 요소다. 여기에 나는 도덕의 기본 원리를 더하고 싶다. 나아가서 기독교의 근본 교리도 포함시키겠다. 더 구체적으로 말하면, 역사상 기독교의 모든 적극적 진술에는 (다른 분야의 공식 원리에서 주로 볼 수 있듯) 점증하는 지식에 따라 점점 복잡해지는 의미를 수용하면서도 그 본질은 변하지 않을 능력이 있다.

예를 들어 "그분은 하늘에서 내려오시어"라는 문구를 니케아 신경에 넣을 때 당시 작성자들은 공간적 하늘에서 지면으로 낙하선이 하강하는 물리적 이동을 생각했을 수 있다(전혀 그랬을 것 같지는 않지만). 그리고 시간이 흘러 다른 이들은 공간적 하늘 개념을 완전히 버렸을 수 있다. 하지만 그럴지라도 이 고백 자체의 의의와 진실성은 전혀 손상되지 않는다. 양쪽 견해 모두에서 그 사건은 기적이며, 양쪽 견해 모두에서 고백에 수반되는 그 심상(心象)은 본질이 아니다.

많이 배우지 못한 회심자와 할리스트리트(런던 중심부의 병원 밀집 지역 — 편집자)의 고학력 전문의가 그리스도의 부활을 인정하고 고백할 경우, 당연히 두 사람의 사고는 아주 큰 차이를 보인다. 전자에게는 시체가 살아났다는 단순한 묘사로 충분하지만, 후자라면 생화학 및 물리 작용의 역행 과정을 전부 되짚을지도 모른다. 의사는 그런 역행이 발생한 적이 없음을 경험으로 알지만, 시체가 일어나 걸을 수 없다는 것쯤은 무학의 회심자도 안다. 둘 다 부활이 기적임을 안다는 말이다. 두 사람 다 기적이 불가능하다고 생각할 경우, 차이가 있다면 의사 쪽이 그 불가능성을 훨씬 자세히 설명한다는 것뿐이다. 즉 시신은 거동할 수 없다는 단순한 진술에 복잡하게 살을 입히는 것이다. 반대로 두 사람 다 기적을 믿을 경우, 의사가 하는 모든 발언은 "그분이 부활하셨다"라는 말을 분석하고 해설한 것에 불과하다.

창세기 기자가 하나님이 그분의 형상대로 인간을 지으셨다고 기록했을 때, 아이가 찰흙으로 인형을 빚듯이 그렇게 인간을 빚으시는 막연한 유형(有形)의 신을 상상했을지도 모른다. 반면에 현대 그리스도인 철학자는 물질이 처음 창조되던 순간부터 마침내 지구상에 육신뿐 아니라 영적 생명을 받기에 적합한 유기체가 출현할 때까지 전 과정을 숙고할 수 있다. 그러나 양쪽 다 본질적 의미는 같다. 배격하는 이론도 양쪽이 같다. 즉 물질이 그 자체에 내재하는 미지의 능력으로 영혼을 낳았다는 주장을 배격한다.

《피고석의 하나님》, "교리와 우주"

몸으로 부딪치는 순종

히브리서 12:1-13
시편 31:21-24

우주 3부작(《침묵의 행성 밖에서》, 《페렐란드라》, 《그 가공할 힘》)에서 루이스는 온 우주를 다스리시는 하나님의 주권을 탐색한다.

정말 중요한 모든 일이 결국 자신[랜섬]처럼 연약한 사람에게 절대적으로 달려 있다니 이 무슨 조홧속인가? 돌이켜보면 그 순간 머나먼 지구에서 인간은 전쟁 중이었다. 안색이 창백한 하급 장교들과 이제 겨우 면도를 시작한 주근깨투성이 사병들이 무시무시한 협곡을 지키거나 위험한 어둠 속에서 기어다녔고, 그들도 랜섬처럼 모든 일이 진실로 자신의 행동에 달려 있다는 사실을 깨닫고 망연했다. 먼 옛날 호라티우스는 다리목을 지켰고, 콘스탄티누스는 새로운 종교를 받아들일지를 정했으며, 하와는 금단의 열매를 바라보며 서 있었고, 천국은 하와의 결정을 기다렸다.

랜섬은 이를 갈며 몸부림쳤으나 직시하지 않을 수 없었다. 세상은 다름 아닌 이런 곳으로 지어졌다. 개인의 선택에 따라 어떤 일이 일어나든지 아무 일도 일어나지 않든지 둘 중 하나일 수밖에 없다. 일이 일어나는 쪽이라면 그 범위를 누가 정할까? 돌멩이 하나가 강물의 방향을 바꿀 수 있다. 이 아찔한 순간에 그가 바로 돌멩이였다. 이 순간은 이미 우주의 중심이 되어 있었다. 영원히 빛나는 죄 없는 생명체인, 모든 세계의 모든 엘딜[초인 외계인]은 케임브리지의 엘윈 랜섬이 어떻게 하는지 보려고 천국 깊은 곳에서 숨을 죽이고 있었다.

다행히 안도감이 찾아왔다. 자신이 **할 수 있는** 것이 무엇인지 모른다는 사실을 문득 깨달은 것이다. 기뻐서 웃음이 날 정도였다. 지레 겁에 질려 있었을 뿐이었다. 딱히 해야 할 일은 없었다. 그때그때 상황에 맞게 원수에게 맞서겠다는 전반적 각오만 있으면 됐다. 그저 '최선을 다하는' 것뿐. 엄마 품으로 달려가는 아이처럼 랜섬도 그 말에서 위안을 얻곤 했다. 실제로 그래 왔으니 계속 최선을 다하면 되리라. "쓸데없이 아무거나 무서워하다니!" 중얼거리며 랜섬은 약간 편한 자세를 취했다. 즐겁고도 합리적인 신앙심 같은 것이 작은 물살처럼 일어나 그를 덮쳤다.

아니, 내가 무슨 생각을 한 거지? 랜섬은 다시 자세를 고쳐 앉았다. 심장이 터질 듯이 쿵쾅거렸다. 뜨거운 부지깽이를 만진 사람이 흠칫 물러서듯 그도 불쑥 떠오른 생각을 떨쳐 버렸다. 그것은 너무 유치한 생각이라 받아들일 수 없었다. 이번에는 자신의 머릿속에서 나온 기만이 분명했다. 마귀와 싸우는 것은 당연히 **영적** 전투이며 … 육박전 개념은 야만족에게나 어울리지 않는가.

《페렐란드라》 11장

/ 8일 /

죽음이 있어야 가능한 부활

베드로전서 3:18-22
시편 33:13-22

기독교의 이야기에서 하나님은 다시 올라가시기 위해 하강하신다. 하나님은 내려오시되 지존하신 절대자의 자리에서 시간과 공간과 인류 속으로 내려오신다. 발생학자들의 말이 맞다면, 그분은 거기서 더 내려가 인류 이전 태곳적 생명의 단계를 태내에 재현하신다. 자신이 창조하신 세계의 맨 밑바닥과 해저까지 내려가신다. 하지만 그분이 내려오심은 파멸에 떨어진 온 세상을 이끌고 다시 올라가시기 위해서다. 몸을 잔뜩 굽혀 크고 울퉁불퉁한 짐짝 밑으로 들어가는 힘센 장사를 생각하면 된다. 들어 올리려면 몸을 굽혀야 한다. 짐짝 밑에 파묻히다시피 해야 다시 괴력으로 등을 펴면서 몽땅 어깨에 둘러메어 옮길 수 있다. 잠수부를 생각해도 된다. 초라하게 벌거벗은 사람이 아래를 내려다본 다음 풍덩 입수하여 사라진다. 푸르고 따듯한 수면을 지나 검고 차가운 물속까지 단번에 내려간다. 점증하는 압력을 견디고 개흙과 습지와 오랜 부식물이 있는 사지(死地)로 빨려든다. 그러다가 색조와 빛이 있는 위쪽으로 다시 솟구치고, 마침내 허파가 터질 듯한 상태로 불쑥 수면을 뚫고 올라온다. 되찾으려 했던 소중한 물건이 물을 뚝뚝 흘리며 손에 들려 있다. 사람도 물건도 무채색 어둠 속으로 내려갔을 때 빛깔을 잃었지만, 다시 빛 속으로 올라오면서 본연의 색상을 되찾는다.

이 하강과 상승에는 누구나 알아볼 수 있는 익숙한 틀이 있다. 그 이치는 온 세상에 넘쳐난다. 우선 모든 식물의 삶이 그러하다. 작고 딱딱한 씨가 되어 땅에 떨어져 죽어야 새 생명이 다시 올라올 수 있다. 동물의 번식도 마찬가지다. 온전히 갖춘 유기체에서 정자와 난자로 내려가야 한다. 종의 번식은 어두운 태내의 열등한 생명체에서 시작되며, 수정란은 의식을 가진 생명체인 아기를 거쳐 마침내 성인으로 천천히 올라간다. 도덕 생활과 정서 생활도 마찬가지다. 순진한 본능적 첫 욕망은 죽음과도 같은 절제나 전면 부인 과정을 거쳐야 한다. 그래야 온전히 형성된 성품으로 다시 상승할 수 있다. 원재료의 특성은 그대로 살아 있되 새로워지는 것이다. 핵심 원리는 죽음과 부활이다. 내려갔다 올라오는 것이다. 큰길은 거의 언제나 이 좁은 통로를 바짝 엎드려 통과해야만 나온다.

성육신 교리를 받아들이면 이 원리는 중심부에 놓이며 더 부각된다. 이 틀이 자연에 있음은 먼저 그것이 하나님께 있었기 때문이다. 앞서 언급한 자연의 사례는 하나님의 주제를 단조(短調)로 변환한 것에 불과하다. 나는 그리스도의 십자가와 부활만 말하는 것이 아니다. 그것은 전체 틀의 전환점일 뿐, 전체 틀은 진정한 죽음과 부활이다. 그토록 아름다운 나무에서 그토록 차갑고 음습한 땅으로 떨어진 씨앗은 없었다. 이는 하나님이 하늘에서 땅으로 내려오셨다가 다시 올라가심으로써 창조 세계의 신산하고도 질퍽이는 밑바닥까지 거치셨음을 생생히 보여 주는 유비다.

이런 관점에서 보면 기독교 교리는 다른 출처에서 얻은 기본적 현실관과 금세 맞아 든다. 그래서 오히려 반대쪽으로 의혹이 향할 수 있다. 혹시 너무 잘 맞아떨어지는 것은 아닐까? 이렇게 잘 맞는 것으로 보아 분명히 그 교리가 인간의 의식에 이미 들어와 있었던 것은 아닐까? 다른 데서 이 틀을 보았기 때문에 그런 것 아니냐는 말이다. 특별히 해마다 반복되는 곡물의 죽음과 부활이 있다. (부족의 삶에 아주 중요한) 그 연례 드라마는 많은 종교에서 당연히 중심 주제로 통했고, 아도니스나 오시리스, 기타 신들은 당당한 곡물의 화신이었다. 매년 죽었다 다시 살아나는 '곡물 왕'(해마다 자신을 희생하여 풍년을 이루어 준다는 곡물 신으로 세계 여러 전설에 등장한다 — 옮긴이)이다. 그리스도도 또 하나의 곡물 왕은 아닐까?

《기적》, "장엄한 기적"

/ 9일 /

신화의 가치

요한복음 1:1-14
시편 34:1-14

톨킨 교수가 《반지의 제왕》을 쓰기 시작했을 때는 핵분열도 없었을 테고, 모르도르(악)의 화신이라 할 만한 적국도 지리적으로 영국에 훨씬 가까웠다(세계 2차 대전 중의 나치 독일을 가리킨다 — 옮긴이). 더욱이 본문 자체에 나와 있듯이 사우론은 영원하며, 반지 전쟁은 그에 맞서 싸운 수많은 전쟁 가운데 하나에 불과하다. 우리로서는 매번 사우론의 최후 승리를 염려하는 것이 현명한 처사다. 그가 최후 승리를 거둔다면 "노래가 사라질" 테니 말이다. "동풍이 불면서, 머잖아 모든 숲이 시들지도 모른다"라는 확증이 계속 쌓이고 쌓일 것이다. 우리가 이길 때마다 그 승리가 영원하지 않음을 알아야 하는 것이다. 굳이 이 이야기의 교훈을 원한다면 이것이다. 즉 피상적인 낙관론과 울부짖는 비관론을 다 버리고, 인간의 곤경은 변하지 않는다는 냉엄하지만 절망할 것까지는 없는 깨달음을 얻는 것이다. 모든 영웅 시대(heroic ages)의 인물들도 그렇게 살아왔다. 바로 여기서 노르웨이 신화와의 유사성이 가장 강하게 드러난다. 쇠망치로 내려치되 거기에는 연민이 섞여 있다.

"인간의 현실과 관련해 진지하게 할 말이 있었다면, 왜 굳이 피터 팬의 네버랜드 같은 환상의 나라를 가져와서 말해야 하는가?" (누가 그렇게 묻는다면) 내 생각에 그 이유는 이렇다. 톨킨이 말하려는 한 가지 주제는, 바로 인간의 현실에 그런 신화적이고 영웅적인 성격이 있다는 것이다. 그의 인물 설정에 이 원리가 작용한다. 사실주의 작품이 갖추어야 하는 많은 '성격 묘사'를 요정이나 난쟁이나 호빗을 등장인물로 설정함으로써 단순하게 해결했다. 이 가상의 존재들은 내면이 드러나 있다. 영혼이 훤히 보인다. 우리는 인류에게 동화 속 영웅과 같은 면이 있음을 보아야 한다. 그렇지 않고서야 어떻게 우리가 우주에 맞서는 인류를 보았다 할 수 있겠는가? 책에서 에오메르는 "푸른 대지"(눈앞의 현실을 가리킨다 — 옮긴이)를 경솔하게 "전설"에 대비한다. 그러자 아라곤은 푸른 대지 자체가 "대단한 전설"이라고 답한다.

신화는 우리가 아는 모든 것을 가져다가, 지금껏 '익숙해서 보이지 않던' 풍부한 의미를 되살려 낸다. 그것이 신화의 가치다. 아이는 차갑게 식은 (맛없는) 고기를 방금 활을 쏘아 손수 잡은 들소 고기라고 생각하며 즐긴다. 현명한 아이다. 현실은 고기 그대로인데 이야기에 담그니 더 맛이 난다. 이제야 비로소 진짜 고기가 된 것인지도 모른다. 현실의 풍경이 식상하거든 거울에 비추어 보라. 빵이나 금이나 말이나 사과나 길을 신화에 담글 때, 우리는 현실을 도피하는 것이 아니라 재발견한다. 이 이야기가 우리 마음에 머무는 한, 현실은 더 현실다워진다. 이 책은 빵이나 사과뿐만 아니라 선과 악, 우리의 끝없는 위험과 고뇌와 기쁨까지도 다시 보게 해 준다. 신화에 담그면 더 똑똑히 보인다. 이 방법 외에 작가는 어떤 방식으로도 이렇게 하지 못했을 것이다.

《이야기에 관하여》, "톨킨의 《반지의 제왕》"

/ 10일 /

모든 것을 그리스도를 통해 보다

에베소서 2:1-10
시편 50:1-6

닭이 먼저냐 달걀이 먼저냐, 이 오랜 논쟁을 알 것이다. 현대인이 묵인하는 보편 진화론은 닭이 달걀에서 나왔다고만 볼 때 생겨나는 일종의 착시다. 우리는 어려서 배운 대로 참나무 성목이 도토리에서 자란다는 것만 볼 뿐, 도토리가 참나무 성목에서 떨어졌다는 것은 잊는다. 수정란의 생명이 두 성인에게서 왔다는 것은 외면한 채, 성인이 한때 수정란이었다는 것만 입버릇처럼 되뇐다. 고속 엔진이 '로켓'의 후예라는 것은 즐거이 지적하면서도, '로켓'의 기원이 더 구식 엔진이 아니라 훨씬 온전하고 정교한 천재적 인간에게 있다는 점은 슬쩍 넘어간다. 따라서 흔히 창발적 진화 개념(진화 단계마다 전 단계까지의 총합을 넘어 새로운 성질이 발현한다는 이론 — 옮긴이)을 자명하거나 당연하다고 여기는 것은 순전히 환각에 가깝다.

그러므로 다른 것이 다 참일지라도 세간의 과학적 우주론만은 도저히 참일 수 없으며, 그렇게 생각할 근거는 이것 외에도 더 있다. 내가 과학적 우주론이라는 배에서 하선한 이유는 시(詩)에 매혹되어서가 아니라 그것이 뜨지 못할 배였기 때문이다. 차라리 철학적 이상주의나 유신론이 훨씬 참에 가깝다. 이상주의를 진지하게 들여다보면 결국 위장된 유신론이고, 유신론을 받아들이면 그리스도의 여러 주장을 무시할 수 없다. 예수님의 주장을 잘 살펴보면 내가 보기에는 누구도 중립을 취할 수 없다. 예수님은 미치광이거나 하나님이거나 둘 중 하나일 수밖에 없다. 그런데 그분은 미치광이가 아니다.

나는 계산을 마치거든 '답을 검산해' 보라고 학교에서 배웠다. 우주라는 계산 문제에 대한 내 기독교적 답은 다음과 같이 검산되거나 확인된다. 신학을 받아들이면, 과학에서 파생된 신화적 우주론의 일부 특정 내용은 신학과 군데군데 잘 조화되지 않을 수 있다. 그러나 과학 전반을 충분히 활용하거나 참작할 수는 있다. 이성이 물질에 선행하고 그 태곳적 이성의 빛이 인간의 유한한 사고를 비추어 준다면, 나는 어떻게 인간이 관찰과 추론을 통해 자신이 사는 우주의 많은 부분을 알게 되는지 이해할 수 있다. 그러나 반대로 과학적 우주론을 통째로 받아들인다면, 기독교만이 아니라 과학과도 조화를 이룰 수 없다. 사고는 뇌에, 뇌는 생화학에, 생화학은 (결국) 원자의 무의미한 유동에 전적으로 달려 있다면, 나는 어떻게 그 사고가 나무에 이는 바람 소리보다 조금이라도 더 유의미한지 이해할 수 없다. 이것이 내게는 최종적인 시금석이다.

꿈과 생시도 나는 그렇게 구분한다. 생시에는 꿈을 어느 정도 설명하고 해석할 수 있다. 간밤에 나를 추격한 용은 내 생시의 세계와 맞물릴 수 있다. 나는 꿈이라는 것이 존재한다는 것도 알고, 내가 소화가 잘 되지 않을 음식을 먹었다는 것도 알고, 책을 나처럼 읽는 사람이라면 용꿈을 꿀 만하다는 것도 안다. 그러나 악몽을 꾸는 동안의 나는 생시의 경험을 하는 나와 맞물릴 수 없다. 생시의 세계가 더 실재인 것은 꿈의 세계를 품을 수 있기 때문이고, 꿈의 세계가 덜 실재인 것은 생시의 세계를 품을 수 없기 때문이다.

똑같은 이유로 확신하건대, 과학적 관점에서 신학적 관점으로 넘어감으로써 나는 꿈에서 생시로 옮겨 왔다. 기독교 신학은 과학, 예술, 도덕, 기독교에 못 미치는 종교 등과 조화를 이룰 수 있지만 과학적 관점은 그중 어느 것과도, 심지어 과학 자체와도 조화를 이루지 못한다. 나는 해가 뜬 것을 믿듯이 기독교를 믿는다. 해가 보여서만이 아니라 해를 통해 다른 모든 것을 보기 때문이다.

《영광의 무게》, "신학은 시인가?"

C. S. Lewis

Preparing for Easter

둘째 주

자신의 악함을 깨닫는 순간

그리스도께서 요구하시는 대가는
어떤 의미에서 도덕적 노력보다 훨씬 쉽다.
즉 그리스도를 원하기만 하면 된다.

하나님을 외면한 죄

에베소서 1:1-10
시편 2:1-12

예수님은 성전에 모인 이들에게 죄 없는 자가 먼저 돌로 치라고 하셨다. 바울은 우리가 다 하나님의 영광에 이르지 못한다고 했다. 우리의 타락을 얼버무릴 게 아니라 인정하고 자백하자. 미쁘시고 의로우신 하나님이 우리를 용서하시고 모든 불의에서 깨끗하게 하실 것을 잊지 말자(요일 1:9).

기독교는 전통적 죄의식을 반드시 회복해야 한다. 그리스도는 당연히 인간이 악하다고 보신다. 그분의 전제를 사실로 받아들이지 않는 한, 우리는 그분이 구원하러 오신 세상의 일원일지언정 그분의 말씀을 듣는 청중의 일원은 아니다. 그분의 말씀을 이해할 기본 조건을 갖추지 못한 것이다. 기본적 죄의식 없이 그리스도인이 되려 하면 하나님이 원망스러울 수밖에 없다. 하나님이 늘 부당하게 노하시기라도 하듯이 말이다.

죽어 가는 농부에게 회개를 권유하자 "제가 **그분한테** 무슨 피해를 주었는데요?"라고 목사에게 되물었다 한다. 우리도 이 농부에게 은밀히 공감할 때가 있다. 이것이야말로 진짜 문제다. 우리가 저지른 가장 큰 잘못은 하나님을 외면한 것이다. 하나님이라고 왜 우리에게 똑같이 갚아 주실 수 없겠는가? 하나님도 우리도 서로 상관하지 않으면 될 것 아닌가? 다른 누구도 아니고 하필 하나님이 '노하실' 까닭이 무엇인가? 차라리 선을 베푸시는 게 그분께는 더 쉬운데 말이다!

이런 신성 모독은 인간이 제대로 죄의식을 느끼는 순간 모두 사라진다. 우리 삶에 그런 순간이 너무 드물 뿐이다. 우리는 많은 행위를 인간의 연약함 탓으로 돌릴 수 있다. 그러나 **연약함 때문만은** 아니다. 신성 모독은 한없이 비열하고 흉측한 행위다. 친구 가운데 누구도 하지 않을 일이고, 완전히 망나니라도 부끄러워할 일이며, 자신도 절대 소문내고 싶지 않을 일이다. 그런 순간에는 진실로 깨닫는다. 이 행위가 들춰낸 우리의 성품이, 모든 선한 인간은 물론 인간보다 높은 존재가 있다면 그 존재에게도 가증스럽고 또 마땅히 가증스러워야 한다는 것을 말이다. 신성 모독을 단호히 싫어하지 않는 신은 선한 존재일 수 없다. 그런 신을 바라서도 안 된다. 그것은 자신의 입 냄새가 심하다는 이유로 세상의 모든 코가 없어져 누구도 건초나 장미, 바다 냄새를 즐길 수 없기를 바라는 것과 같다.

입으로만 자신이 악하다고 말할 때는 하나님의 '진노'가 미개한 교리로 보인다. 그러나 우리의 악함을 **깨닫는** 순간, 진노는 하나님의 선하심에 따른 필연적 귀결이며 불가피해 보인다. 그러므로 기독교 신앙을 제대로 이해하려면 반드시 그러한 순간에 얻는 깨달음을 늘 명심해야 하며, 점점 복잡하게 위장하지만 결코 변명의 여지가 없는 이 똑같은 진짜 타락을 인식할 줄 알아야 한다. 물론 이것은 새로운 교리가 아니다. 지금 나는 거창한 일을 시도하는 것이 아니라 … 독자가 (그보다 나 자신이)이 **장애물**을 극복하도록 도우려는 것뿐이다. 허황한 낙원과 극도의 망상에서 벗어나는 첫발을 떼도록 말이다.

《고통의 문제》, "인간의 악함"

/ 11일 /

천국을 사모하는 마음

고린도전서 1:20-25
시편 74:12-17

소망은 신학적 덕목이다. 영원한 세계를 늘 사모하는 것은 (일부 현대인의 생각처럼) 일종의 현실 도피나 헛된 꿈이 아니라, 그리스도인이라면 마땅히 해야 할 일이라는 뜻이다. 그렇다고 현세를 등지라는 말은 아니다. 역사를 보면 현세를 위해 가장 많이 일한 그리스도인이 내세를 가장 많이 생각했다. 로마 제국 개종의 불씨를 당긴 사도들, 중세를 건설한 위인들, 노예 무역을 폐지한 영국 복음주의자들이 이 땅에 큰 족적을 남긴 까닭은 생각을 하늘에 두었기 때문이다. 이즈음 그리스도인이 현세에 이토록 무력해진 이유도 내세를 더는 생각하지 않기 때문이다. 천국에 뜻을 두면 이 땅은 '덤으로' 딸려 오지만, 이 땅에 뜻을 두면 양쪽 다 잃는다. 이상한 원리 같지만 다른 영역도 비슷하다. 건강은 큰 복이지만 건강 자체를 주목표로 삼는 순간, 자신에게 문제가 많다고 상상하는 건강 염려증 환자가 된다. 건강해지려면 음식, 놀이, 일, 재미, 야외 활동 등 다른 것을 더 원해야 한다. 마찬가지로 문명이 우리의 주목표인 한 우리는 결코 문명을 구원할 수 없다. 역시 다른 것을 더 원하는 법을 배워야 한다.

우리 대다수는 '천국'을 원하기조차 몹시 어렵다. '천국'이 죽은 가족이나 친구와의 재회를 뜻하지 않는다면 말이다. 이 일이 어려운 이유 가운데 하나는 그렇게 교육받지 못했기 때문이다. 우리의 교육은 사고를 온통 현세에 묶어 두기에 바쁘다. 또 다른 이유는 우리 마음이 천국을 간절히 원해도 그것을 알아보지 못하기 때문이다. 자기 마음을 진실로 들여다볼 줄 안다면 거의 누구나 인정하겠지만, 우리는 이 세상에서 얻을 수 없는 무언가를 간절히 원한다. 세상의 온갖 것이 당신에게 그것을 약속하지만 결코 약속을 지키지 못한다.

사랑에 처음 빠지거나 외국을 처음 떠올리거나 흥미로운 과목을 처음 접할 때 일어나는 동경이 있다. 그런데 그 동경은 결혼이나 여행이나 학업으로 진정 채워질 수 없다. 결혼이나 휴가, 학문적 직업이 잘 안 풀릴 때 그렇다는 말이 아니라 최고로 잘되고 있을 때 그렇다는 말이다. 동경의 첫 순간에만 잡힐 듯하다가 현실 속에서 바로 사라져 버리는 무언가가 있다. 무슨 뜻인지 다들 알 것이다. 아내가 좋은 사람일 수도, 호텔과 경치가 훌륭했을 수도, 화학 공부가 꽤 흥미로울 수도 있다. 그런데도 뭔가가 우리를 비껴 지나가 버렸다. 이 사실에 대처하는 두 가지 잘못된 방법과 한 가지 올바른 방법이 있다.

1) 어리석은 자의 방법. 환경을 탓하며 평생 이렇게 생각한다. 다른 여자를 만나거나 휴가에 돈을 더 쓸 수만 있다면, 누구나 찾으려는 신비한 뭔가를 이번에야말로 자신도 얻으리라고 말이다. 세상에서 가장 권태롭고 불만이 많고 부유한 사람들이 대부분 이 부류에 속한다. 이 여자 저 여자(이혼 법정을 통해), 이 대륙 저 대륙, 이 취미 저 취미 떠도는 것이 평생 그들의 일이다. 이번에야말로 '진짜'라고 생각하지만 언제나 실망할 뿐이다.

2) 환멸에 빠진 '교양인'의 방법. 몽땅 허튼소리라고 곧 결론짓고 이렇게 말한다. "물론 젊어서야 무지개를 좇아다닐 수 있지만 내 나이쯤 되면 다 포기하게 돼 있어." 그래서 과도한 기대를 버리고 안주한다. "세상에 못할 게 없다"라고 말하던 자신을 억누른다. 물론 이것은 첫 번째 방법보다 훨씬 낫고 한결 행복을 준다. 사회에 끼치는 피해도 적다. 이들은 독선적인 경

향은 있지만(다른 사람들을 '유치하다고' 여기며 우월감에 젖기 쉽다) 대체로 그럭저럭 편하게 살아간다. 인간이 영원히 살지 않는다면 이것이 최선의 길일 것이다. 그러나 무한한 행복이 정말 우리를 기다리고 있다면 어떨까? 무지개에 정말 도달할 수 있다면? 그렇다면 소위 '교양' 때문에 행복을 누릴 기회를 스스로 짓밟은 셈이고, 애석하게도 뒤늦게(죽은 후에야) 깨달을 것이다.

3) 그리스도인의 방법. 그리스도인은 이렇게 말한다. "피조물이 어떤 갈망을 안고 태어났다면 이를 충족시킬 길도 반드시 존재한다. 아기가 배고파하는 것은 음식이 존재하기 때문이고, 오리가 헤엄치고 싶어 하는 것은 물이 존재하기 때문이며, 사람이 성욕을 느끼는 것은 섹스가 존재하기 때문이다. 내 안에 이 세상 어떤 경험으로도 채워질 수 없는 갈망이 있다면, 가장 개연성 있는 설명은 내가 다른 세상을 위해 창조되었다는 것이다.

현세의 모든 낙으로도 갈망을 채울 수 없다 해서 우주가 엉터리라는 증거는 아니다. 어쩌면 현세의 낙은 본래 그 갈망을 채우려는 것이 아니라 갈망을 불러일으켜 실체를 가리켜 보이려는 것이다. 그렇다면 한편으로 현세의 복을 멸시하지 않고 감사하되, 그것을 실체로 착각하지 않도록 조심해야 한다. 그것은 실체의 그림자나 메아리, 신기루일 뿐이다. 내 안에 본향을 사모하는 마음을 살려 두어야 한다. 본향은 죽은 후에야 가는 곳이다. 이 갈망을 묻어 두거나 밀쳐내면 안 된다. 그것을 삶의 주목표로 삼아 그 나라를 향해 달려가야 하고, 다른 사람들도 그렇게 하도록 도와주어야 한다.

"거문고나 뜯으며 영원을 보내고" 싶지 않다면서 '천국'에 대한 그리스도인의 소망을 조롱하는 경박한 무리가 있는데, 거기에 전혀 신경 쓸 필요가 없다. 이런 사람에게는 어른이 읽는 책을 이해하지 못하겠거든 입에 올리지도 말라고 답해 주면 된다. 당연히 거문고와 면류관, 금 같은 성경의 모든 은유는 형언할 수 없는 것을 표현하려는 상징적 시도일 뿐이다. 악기가 언급된 이유는 많은 사람에게(모두는 아니지만) 황홀경과 무한성을 가장 강하게 암시하는 것이 현세에서는 음악이기 때문이다. 면류관이 언급된 것은 하나님과 영원히 연합하는 이들이 그분의 영광과 능력과 기쁨에 동참한다는 사실을 암시하기 위해서다. 금을 언급한 것은 천국이 그만큼 영원하고(금은 녹슬지 않는다) 값지다는 의미다. 이런 상징을 문자적으로 취하는 사람은 비둘기처럼 되라고 하신 그리스도의 말씀도 알을 낳으라는 뜻으로 해석할 것이다.

《순전한 기독교》, "소망"

하나님께 순복하는 복된 죽음

예레미야 31:31-34
시편 19:1-6

인간의 죽음은 죄의 결과이자 사탄의 승리지만, 그것이 끝은 아니다. 인간의 죽음은 죄를 속량하는 수단이기도 하다. 인간을 살리시는 하나님의 명약이자 사탄을 물리치시는 그분의 무기다. 하수의 가장 좋은 수단이 고수에게는 그 하수를 무너뜨릴 절호의 노림수가 될 수 있다. 그런 예는 쉽게 볼 수 있다. 뛰어난 장군과 체스 실력자는 적의 강점을 역이용하여 전술을 펼친다. "그 성(城)을 취할 테면 취하라. 내 작전은 그것이 아니었고 당신이 그보다는 똑똑할 줄 알았지만, 어쨌든 거기까지는 얼마든지 좋다. 그러면 나는 이렇게 움직이고 … 이렇게 움직이면 … 세 수만에 당신은 외통수에 걸린다." 죽음에도 이와 비슷한 일이 벌어진 것이 분명하다. 죽음 같은 중대사를 예시하기에는 은유가 너무 하찮다고 말하지 말라. 인간이 광물질로 변하는 것이 죽음이라고 보는 이 시대의 유물론적 은유가 훨씬 부실하다. 후자는 당연한 듯 은유로 인식되지도 않지만, 방심하는 순간 우리의 사고를 온통 지배한다.

죽음이 패한 경위는 이러하다. 원수는 인간을 꾀어 하나님께 반항하게 만들었고, 그분께 반항한 인간은 정신과 육체의 또 다른 반항을 통제할 힘까지 잃었다. 원수가 인간의 정신과 육체를 꾀어 영혼에 반항하게 만든 것이다. 결국 유기체인 정신과 육체도 자신을 지킬 힘을 잃어 무기체인 죽음의 반항에 맞설 수 없게 되었다. 이렇게 사탄은 인간을 죽음으로 내몰았다.

하지만 하나님은 본래 인간을 창조하실 때, 영혼이 그분께 반항하면 정신과 육체도 통제할 수 없도록 설계하셨다. 즉 결국 죽게 만드신 것이다. 이 섭리는 형벌의 선고이면서("선악을 알게 하는 나무의 열매는 먹지 말라 네가 먹는 날에는 반드시 죽으리라") 자비이자 안전장치다. 형벌이라 함은 죽음이 처참한 치욕이기 때문이다. 그래서 마르다는 오빠가 죽었을 때 그리스도께 "주여 … **냄새**가 나나이다"라고 말했다. 자비라 함은 인간이 자원하여 겸손히 죽음에 순복하면 반항 행위를 뒤집을 수 있기 때문이다. 그러면 괴물처럼 흉악한 죽음조차도 고차원의 신비로운 죽음으로, 즉 지고한 생명의 필수 요소이자 영원히 선한 죽음으로 바뀐다.

"유비무환"("The readiness is all." 셰익스피어의 《햄릿》에서 햄릿이 친구 호레이쇼에게 "항상 죽음에 준비되어 있어야 한다"라는 뜻으로 한 말 — 옮긴이)이라 했다. 물론 단순히 비장하게 죽음을 각오한다는 뜻이 아니라 겸손히 자신을 내려놓는다는 뜻이다. 원수 죽음이 우리의 종이 된다. 너무나 반가운 일이다. 괴악한 육적 죽음이 자아에 대하여 죽는 복된 영적 죽음으로 변하기 때문이다. 그러려면 우리 영혼이 자원해야 한다. 자원하여 죽으시는 하나님의 영에게 우리 역시 자원하는 마음을 받아야 한다.

끝으로, 안전장치라 함은 인간이 타락한 뒤에 죽지 않을 운명이라면 완전히 절망적이기 때문이다. 몸이 죽지 않아도 된다면 꼭 필요한 순복에 도움이 되지 않는다. 인간은 끝없는 세월 동안 자유롭게(이것을 자유라 할 수 있다면) 교만과 정욕과 문명이라는 사슬로 자신을 점점 빠르게 옭아맨다. 문명은 교만과 정욕이 날로 더 강고하고 복잡하게 쌓아 올리는 악몽 같은 산물이다. 결국 인간은 완전히 타락한 상태에서 마귀처럼 극악한 상태로 악화되어 속량의 여망마저 잃는다. 이 위험을 죽음이 막아 준다.

금단의 열매를 먹으면 생명나무에서 쫓겨난다는 선고는 하나님이 창조하신 인간 본연의 속성에 이미 내포되어 있었다. 다만 죽음의 형벌이 영생의 수단으로 전환되어 죽음의 부정적 예방 기능에 긍정적 구원 기능을 더하려면, 꼭 필요한 일이 하나 더 있다. 죽음을 **받아들여야** 한다는 것이다. 죽음을 자원하여 수용하고, 온전히 겸손하게 그것에 순복하고, 죽음의 잔을 찌꺼기까지 마셔야 한다. 그제야 죽음은 생명의 비밀인 신비로운 죽음으로 전환된다. 그런데 이렇게 온전하게 죽을 수 있는 인간은 예수님뿐이다. 예수님은 인간이 되실 의무가 없는데도 그 길을 택하셨고, 비참한 인간의 무리 가운데서 자원하여 섬기셨고, 그러면서도 유일하게 온전한 인간이셨다. 그렇게 예수님은 죽음을 정복 혹은 속량하셨다(어느 쪽으로 표현하든 상관없다). 그분은 우리 모두를 대신하여 죽음을 맛보셨다. 우주를 대표하여 죽으신 것이다. 그래서 부활이요 생명이시다. 참으로 살아 계시기에 참으로 죽으셨다고 거꾸로 표현할 수도 있다. 그것이 바로 삶의 틀이기 때문이다.

높은 것만이 낮은 데로 내려올 수 있다. 영원 전부터 예수님은 아버지께 순복하시는 복된 죽음에 끊임없이 뛰어드셨다. 그런 분이시기에 우리를 위해 처참하고도 부득이한 몸의 죽음으로 온전히 하강하실 수 있었다. 그분이 창조하신 실재에 '대리'의 속성이 내재되어 있으며, 그래서 그분의 죽음은 곧 우리의 죽음이 된다. 이 기적은 우리가 이미 아는 실재를 부정하기는커녕 실재라는 난해한 본문을 쉽게 풀이해 준다. 알고 보면 오히려 그 기적 자체가 본문이고 자연은 주해에 불과하다. 지금껏 과학에서 읽은 것은 시(詩)에 대한 해설뿐이지만 기독교에는 시 자체가 있다.

《기적》, "장엄한 기적"

아무리 비열하고 악의적인 죄라도

요한일서 1:5-10
시편 19:7-14

(교회 밖에서처럼) 교회 안에서도 뜻을 생각하지 않고 쓰는 말이 많다. “죄를 사하여 주시는 것(을) … 믿사옵나이다”라는 사도신경의 구절도 그렇다. 나도 여러 해 동안 신앙 고백을 읊다가 왜 이 구절이 사도신경에 들어 있을까 하는 의문이 어느 날 들었다. 언뜻 보기에는 어울리는 대목이 아니다. “그리스도인이라면 당연히 죄 사함을 믿는다. 두말할 필요도 없지 않은가”라는 생각에서다. 그런데 사도신경을 작성한 사람들은 교회에 갈 때마다 다시금 떠올려야 할 신조의 일부로 용서를 바라보

았던 것 같다. 적어도 내 경우에는 그들이 옳았음을 깨닫기 시작했다. 죄 용서를 믿기란 결코 생각만큼 쉽지 않다. 죄 용서에 대한 믿음은 계속 잘 관리해야지 그렇지 않으면 쉽게 빠져 나가고 만다.

우리가 믿거니와 하나님은 죄를 용서해 주시지만, 그 용서에는 남이 우리에게 지은 죄를 우리도 용서한다는 전제가 있다. 이 진술의 후반부는 의문의 여지가 없다. 예수님은 주기도문 등에서 힘주어 확언하셨다. 다른 사람을 용서하지 않으면 우리도 용서받지 못한다. 예수님의 가르침 가운데 이보다 명확한 대목은 없다. 예외도 없다. 예수님은 남의 죄가 너무 흉악하지 않거나 정상 참작이 가능할 때만 용서하라고 하지 않으셨다. 아무리 악의적이고 비열하고 자주 반복되는 죄라도 용서해야 한다. 그렇지 않으면 우리도 어느 죄 하나 용서받지 못한다.

그런데 하나님께 죄를 용서받을 때나 다른 사람의 죄를 용서할 때 자주 범하는 과오가 있다. 우선 하나님의 용서부터 생각해 보자. 내 경우, 하나님께 죄 용서를 구한다지만 (주도면밀하게 자신을 살피지 않는 이상) 사실은 전혀 다른 것을 구할 때가 많다. 용서를 구하기보다 변명을 늘어놓는다. 하지만 용서와 변명은 천지차이다. 용서한다는 것은 "맞다, 당신 잘못이다. 그렇지만 나는 당신의 사과를 받아들이고 다시는 이 일을 문제 삼지 않겠다. 우리 둘 사이는 이전과 달라진 것이 없다"라는 뜻이다. 그러나 변명을 받아 준다는 것은 "당신도 어쩔 수 없었거나 본의가 아니었다. 정말 당신 잘못이 아니다"라는 뜻이다. 정말 내 잘못이 아니라면 용서받을 일도 없다. 그런 의미에서 용서와 변명은 거의 정반대다.

물론 하나님을 대할 때든 사람끼리의 일이든 용서와 변명이 섞여 있는 경우도 많다. 죄로 보였는데 알고 보니 누구의 잘못도 아니라면, 거기까지는 정당한 변명이다. 나머지만 용서받으면 된다. 전부 변명의 영역이면 용서가 필요 없고, 온통 용서받을 행동이면 변명이 있을 수 없다. 문제는 "하나님께 용서를 구한다"라는 말이 사실은 변명을 받아 달라는 의미일 때가 비일비재하다는 것이다. 이런 잘못에 빠지는 이유는 대개 정당한 변명, 즉 '정상을 참작할 만한 정황'도 어느 정도 존재하기 때문이다. 우리는 (자신과) 하나님께 그 부분을 지적하려고 안달하느라 정말 중요한 부분을 망각하기 일쑤다. 즉 변명이 통하지 않는 나머지 부분, 변명의 여지는 없지만 다행히 용서가 불가능하지는 않은 부분이다. 이 사실을 망각하면 실컷 변명해 놓고는 하나님께 회개하고 용서받았다는 착각에 빠진다. 아주 구차한 변명일 수 있는데 자신의 태도에 너무 쉽게 만족해 버린다.

이 위험을 퇴치할 해법은 두 가지다. 첫 번째 해법은 정당한 변명이라면 우리보다 하나님이 훨씬 잘 아신다는 점을 기억하는 것이다. 정말 정상을 참작할 만한 정황이 있다면, 하나님이 간과하실까 봐 걱정할 필요가 없다. 종종 우리가 생각지도 못했던 많은 정당한 변명까지도 하나님은 놓치지 않으신다. 겸손한 영혼이라면 죽은 뒤에 자신의 죄가 경우에 따라 생각보다 훨씬 덜하다는 사실에 놀라며 기뻐할 것이다. 정당한 변명은 하나님이 우리를 위해 다 해 주신다. 우리가 하나님께 가져가야 할 부분은 변명의 여지가 없는 죄다. (본인 생각에) 변명이 통할 만한 부분만 거론한다면 시간 낭비일 뿐이다. 의사에게는 아픈 부분(예컨대 골절된 팔)만 보여 주면 된다. 다리와 눈과 목은 괜찮다고 설명해 보았자 시간 낭비다. 당신의 생각이 틀렸을 수도 있고 또 정말 괜찮다면 의사가 모를 리 없다.

두 번째 해법은 죄 사함을 확실히 믿는 것이다. 변명하고 싶은 욕구는, 용서받을 수 있음을 실제로 믿지 않아서 생기는 것이다. 유리한 변론으로 하나님을 납득시키지 않는 한 하나님이 다시 받아 주시지 않는다는 생각 때문이다. 하지만 이것은 아예 용서가 아니다. 진정한 용서란 모든 정상이 참작되고도 변명의 여지 없이 남아 있는 죄를 그 속의 모든 섬뜩함과 더러움과 비열함과 악의까지 똑바로 응시하되, 그럼에도 가해자와 온전히 화해한다는 뜻이다. 그것만이 용서이며, 우리가 구하기만 하면 언제든지 하나님께 그렇게 용서받을 수 있다.

《영광의 무게》, "용서"

/ 14일 /

그리스도만을 원하다

누가복음 21:1-19
시편 102:1-11

세상에는 세 부류의 인간이 있다. 첫째는 자신만을 위해 제멋대로 사는 부류다. 이들에게 인간과 자연은 용도에 맞추어 재단할 원료에 불과하다. 둘째는 하나님의 뜻, 정언 명령, 사회의 선 같은 외부의 요구를 일부 인정하는 부류다. 이들은 사익을 추구하더라도 그런 요구의 범위를 벗어나지 않으려 노력한다. 꼭 필요한 만큼은 상위의 요구에 순응하려는 것이다. 이런 사람들은 세금을 내고 남은 것으로 먹고살기에 충분하기를 바라는 납세자와 같다. 군인의 삶이 출동과 대기 상태로 나뉘고

학생의 삶이 수업 시간과 방과 후로 나뉘듯이 이들의 삶도 분열되어 있다. 반면에 셋째 부류는 사도 바울처럼 "내게 사는 것이 그리스도니"(빌 1:21 — 옮긴이)라고 고백할 수 있다. 이들은 자아의 권리를 깨끗이 버림으로써, 상충되는 자아의 권리와 하나님의 권리 사이를 오가는 피곤한 일을 그만두었다. 이기적인 옛 의지가 돌이켜져서 재창조되어 새것으로 바뀌었다. 그리스도의 의지가 더는 그들의 의지를 제약하지 않는다. 그리스도의 뜻이 곧 그들의 뜻이기 때문이다. 그들의 시간도 모두 그분의 것이기에 동시에 그들의 것이기도 하다. 그들이 그분의 소유이기 때문이다.

인간이 이렇게 세 부류로 나뉘는 만큼 세상을 그저 선악으로 양분하면 낭패를 본다. 그러면 (우리 대부분에 해당하는) 둘째 부류가 늘 필연적으로 불행하다는 사실을 놓치고 만다. 도덕적 양심이 징수하는 대로 우리의 갈망에 대한 세금을 내고 나면, 그 나머지로는 먹고살기에 부족하다. 이 부류에 속해 있는 한 우리는 세금을 내지 않아 죄책감이 들거나 세금을 내고 나서 결핍감에 시달리거나 둘 중 하나다. 도덕법을 지키는 행위로는 '구원받을' 수 없다는 기독교 교리는 매일 경험하는 사실이다. 우리는 전진하지 않으면 후퇴할 수밖에 없는데, 우리 힘과 노력으로는 앞으로 나아갈 수 없다. 새 자아와 새 의지는 그리스도의 방식으로 다가와 우리 안에서 태어나야 하며, 억지로 만들어 낼 수는 없다.

그리스도께서 요구하시는 대가는 어떤 의미에서 도덕적 노력보다 훨씬 쉽다. 즉 그리스도를 원하기만 하면 된다. 물론 원하는 일 자체도 우리 힘으로는 안 되지만, 그래도 도움이 되는 사실이 하나 있다. 모든 세상적 만족은 우리를 버리게 되어 있어, 덕분에 우리도 그런 만족을 버릴 수 있다는 것이다. 전쟁과 고생과 노화는 우리의 옛 자아가 처음부터 바라던 모든 것을 하나둘씩 앗아 간다. 그래서 우리는 예수님을 구하는 수밖에 없으며, 결핍 덕분에 결국 예수님을 구하기가 더 쉬워진다. 이런 우리를 그분은 자비로 받아 주신다.

《현안: 시대 논평》, "세 종류의 사람"

하나님의 긍휼을 누리는 행복

로마서 8:26-39
시편 44:20-26

루이스는 중세 문학을 연구하는 학자였다. 이 글은 중세 시대를 다룬 저작에서 발췌했다.

신학적으로 말해서 개신교는 바울 신학을 복원하거나 발전시킨 것 혹은 확대한 것이다(그중 어느 쪽인지를 가리는 것은 문학사가의 몫은 아니다). … 사도 바울은 물론이고 윌리엄 틴데일이나 마르틴 루터에게 이 신학은 결코 이론적 사고를 위해 구성한 지적 개념이 아니라, 아주 구체적인 신앙 경험에서 싹튼 것이다. 그 정황에서 떼어 내면 신학의 모든 진술은 의미를 잃거나 본래와 정반대 의미로 바뀐다.

본래 이런 명제를 정리한 유일한 목적은 믿기지 않을 만큼 무한한 하나님의 긍휼, 완전히 거저 베푸시는 그분의 긍휼을 찬송하기 위해서였다. 그것을 문맥과 무관하게 체계화하면(systematize, 조직신학을 암시한다 — 옮긴이) 그 결과는 마귀 숭배와 비슷해진다. 이 경험은 지각 변동 같은 회심이다. 이런 경험을 한 사람은 악몽에서 깨어나 황홀경에 들어선 기분이 된다. 연인에게 받아들여진 사람처럼, 자기가 한 일은 아무것도 없으며 어떤 행위로도 그런 놀라운 행복을 누릴 자격이 없다고 느낀다. 그는 다시는 "불모지의 거름 더미 위에서 큰소리칠" 수 없다.

모든 주도권은 하나님 쪽에 있었다. 모두 거저 주시는 무한한 은혜였고, 앞으로도 거저 주시는 무한한 은혜일 것이다. 그의 하찮고 알량한 노력은 애초에 기쁨을 얻을 때만큼이나 기쁨을 유지하는 데도 무용지물이다. 다행히 그렇게 애쓸 필요도 없다. 복을 사거나 애써서 벌어들일 수도 없으며 '행위'에는 아무런 '공로'도 없다. 물론 믿음은 무의식중에라도 반드시 사랑의 행위로 흘러나오게 마련이다. 사랑의 행위 때문에 구원받은 것은 아니지만, 그는 구원받았기 때문에 사랑을 실천한다. 하지만 그를 구원한 것은 오직 믿음이다. 순전히 은혜로 주어진 믿음이다. 본래 개신교의 모든 교리는 이 행복한 겸손에서 싹텄다. 자아와 작별하고, 선한 결심과 불안과 가책과 잡다한 동기를 모두 버린 결과인 것이다.

그것이 원래 공포를 자아내는 교리가 아니라 기쁨과 소망의 교리였음을 분명히 알아야 한다. 게다가 이 소망은 반드시 성취된다. 틴데일의 말마따나 회심한 사람은 이미 영생을 맛보았기 때문이다. 성공회 39개 신조의 제17조에 따르면 예정 교리는 "경건한 사람들에게 참으로 달고 기쁘며 말할 수 없는 위로가 된다." 그러면 경건하지 못한 사람들은 어떨까? 맨 처음에 회심을 경험한 사람들에게는 이런 질문이 제기되지 않았고, 일반화된 답도 없었다.

우리는 체계를 구축하려는 것이 아니다. 체계화에 손을 대기 시작하면 난제와 암울한 해법이 등장한다. 하지만 현대의 독자(특히 소설 독자)에게 아주 익숙한 그런 공포는 신흥 신학의 부산물일 뿐이다. 첫 개신교도들에게는 털끝만큼도 공포가 없었다. 안도와 생기가 주를 이루었다. 루터는 《탁상 담화》에서 그 질문을 단 한 문장으로 영원히 처리했다. "당신이 구원받도록 선택되었는지 의심이 드는가? 기도하라. 그러면 당신도 선택받은 사람이 된다. 아주 쉽다."

English Literature in the Sixteenth Century Excluding Drama

(희곡을 제외한 16세기 영문학), 33-34쪽

/ 16일 /

인생의 설계자와 운영자

히브리서 2:5-11
시편 8:1-9

하나님은 우리를 창조하셨다. 인간이 엔진을 만들듯 우리를 만드셨다. 자동차는 기름으로 굴러가게 되어 있으며 다른 것으로는 굴러가지 않는다. 하나님이 설계하신 인간은 그분으로만 작동하게 되어 있다. 영혼의 연료, 섭취해야 할 양분은 바로 하나님이다. 다른 것은 없다. 그러므로 신앙을 떠나 나름의 방식대로 행복하게 해 달라고 기도해 봐야 소용없다. 오직 하나님만이 우리에게 행복과 평안을 주실 수 있다. 다른 곳에는 행복과 평안이 없다. 없는 것을 어떻게 얻겠는가.

이것이 역사를 이해하는 열쇠다. 인간은 엄청난 에너지를 소모해서 문명을 건설하고 탁월한 제도를 고안한다. 그런데 매번 문제가 발생한다. 무언가 치명적 결함이 생겨 이기적이고 잔인한 이들이 권좌에 오르고, 문명은 모조리 퇴보하여 비참한 파멸을 맞는다. 실제로 기계가 고장 난다. 시동이 잘 걸려 몇 미터쯤 달리는 것 같다가 멈춰 버린다. 엉뚱한 연료를 주입하고 달리려 하기 때문이다. 사탄이 인류에게 저질러 온 일이 바로 그것이다.

그래서 하나님은 어떻게 하셨던가? 첫째로, 옳고 그름을 아는 양심을 우리에게 주셨다. 예나 지금이나 양심대로 살려는 이들이 있으며 더러는 온갖 애를 쓰지만, 성공한 사람은 없다. 둘째로, 하나님은 말하자면 좋은 꿈을 인류에게 보내셨다. 많은 이교에도 두루 퍼진 기이한 이야기들, 즉 신이 죽었다 살아나 그 죽음을 통해 인간에게 새 생명을 주었다는 이야기들 말이다. 셋째로, 하나님은 특별히 한 민족을 택하여 하나님이 유일한 신이고 바른 행실을 중시하신다는 사실을 오랜 세월 동안 그들의 머릿속에 심어 주셨다. 이 민족은 유대 민족이며, 구약성경은 그 가르침의 과정을 담은 기록이다.

진짜 충격적인 사실은 다음에 있다. 갑자기 한 유대인이 나타나서 자신이 하나님인 양 말하고 다닌다. 자신은 늘 존재했고, 죄를 용서하며, 마지막 날에 세상을 심판하러 온다고 주장한다. 여기서 분명히 해 둘 것이 있다. 인도 사람들처럼 범신론자라면 자신이 신의 일부라거나 신과 하나라고 주장한다 해서 하등 이상할 것이 없다. 하지만 이 사람은 유대인이므로 하나님을 그런 뜻으로 말했을 리가 없다. 그들의 언어에서 하나님이란 세상 바깥에 계셔서 세상을 지으셨고 나머지 모든 것과는 무한히 다른 존재라는 뜻이다. 이것을 알고 나면, 이 사람이 한 말이야말로 역사상 인간의 입에서 나온 가장 충격적인 발언임을 알 수 있다.

그분의 주장 가운데 눈에 띄지 않아 지나치는 것이 있다. 너무나 자주 들어서 더는 그 파격성이 보이지 않아서인데, 자신이 모든 죄를 용서한다는 주장이 그것이다. 하나님이 아니고서야 모든 죄를 용서한다는 말은 정말 우스꽝스러울 정도로 얼토당토않은 일이다. 자신이 당한 일에서 상대의 잘못을 용서한다면 그건 누구나 이해할 수 있다. 내 발을 밟은 사람은 내가 용서한다. 내 돈을 훔친 사람도 내가 용서한다. 그러나 발을 밟히거나 돈을 뺏기지도 않은 사람이, 남의 발을 밟고 남의 돈을 훔친 당신을 용서한다고 공언한다면 어떻게 봐야 할까? 아무리 너그럽게 말해도, 실없고 어리석은 행동이라 아니할 수 없다. 그런데 예수님이 바로 그리하셨다. 예수님은 사람들에게 죄 용서를 받았다고 하셨고, 그 죄 때문에 명백히 피해를 입은 사람들의 생각은 물어보신 바가 없다. 마치 자신이 핵심 당사자인 양, 모든 죄의 일차적 피해자인 양 서슴없이 행동하셨다. 이것은 예수님이 하나님일 때에만 말이 된다. 모든 죄는 하나님의 율법을 어기고 그분의 사랑에 상처를 입히는 것이니 말이다. 하나님이 아닌 누군가의 입에서 이런 말이 나온다면, 역사상 어떤 인물에도 견주지 못할 만큼 어이없고 자만하다는 의미로밖에 볼 수 없다.

《순전한 기독교》, "충격적인 갈림길"

예수님은 인간이 되실 의무가 없는데도

그 길을 택하셨고,

비참한 인간의 무리 가운데서

자원하여 섬기셨고,

그러면서도 유일하게 온전한 인간이셨다.

그렇게 예수님은 죽음을 정복 혹은 속량하셨다.

C. S. Lewis

Preparing for Easter

셋째 주

하나님의 선하신 섭리

바른 마음으로 읽고 좋은 교사들의 지도를 받는다면
성경은 우리를 하나님께로 인도합니다.

하나님의 영광을 보는 기도

마가복음 8:34-9:1
시편 91:1-8

내가 엉뚱한 상념으로 벗어나지 않게 도와주는 심상(心象)이 하나 있네. 바로 십자가에 달리신 예수님인데, 성화나 십자가상이 아니라 날것 그대로의 실제 현장 모습일세. 하지만 이조차도 영적 효용은 생각보다 덜하다네. 양심의 가책, 연민, 감사 등 모든 유익한 감정이 억눌리기 때문이지. 예수님의 상태가 워낙 처참해서 그런 게 들어설 여지가 없거든. 그야말로 악몽 같지. 그래도 이 심상을 수시로 직시해야 하네. 다만 누구도 그것을 늘 품고 살 수는 없어. 이것이 기독교 예술의 단골 모티

브가 된 것도 실제 십자가형을 목격한 세대가 다 죽은 뒤였지. 이 주제를 다룬 많은 찬송가와 설교는 마치 피 하나만 중요하다는 듯 끝없이 피를 되뇌는데, 그런 작사가나 설교자는 너무 수준이 높아 나한테 와닿지 않든지 상상력이 전혀 없든지 둘 중 하나임이 분명하네(이 두 장벽이 동시에 나를 밀쳐 내는 경우도 있지).

그럼에도 심상은 내 기도에서 중요한 역할을 한다네. 심상이 없다면 내 안에 동하는 의지나 생각, 감정도 없을 거야. 특히 도움이 되는 것은 가장 찰나적이고 단편적인 심상이라네. 샴페인 거품처럼 잠깐 일다가 사라지거나 떼까마귀처럼 바람 부는 하늘을 선회한다고나 할까. 기민한 시인의 혼잡한 은유처럼 (논리상) 서로 충돌하면서 말일세. 어느 하나에 고착되면 심상이 깨져 버리기 때문에, 스쳐 가는 기쁨에 입 맞춘다는 윌리엄 블레이크의 말처럼 우리도 심상을 그렇게 대해야 하네.

그러면 심상은 자기 본분을 다해 아주 중요한 무엇을 전달해 주는데, 그것은 항상 어떤 '성질'이라네. 명사보다는 형용사에 가깝지. 내게는 그것이 실재처럼 강하게 와닿는 거야. 내 생각에 우리는 명사를 (명사가 지시한다고 보는 대상과 함께) 너무 중시하거든. 내 가장 깊은 경험과 특히 가장 이른 경험은 다 순수성을 띠는 것 같네. 무섭고 아름다운 성질이 무섭고 아름다운 사물보다 더 오래되었고 확실하다네. 음악의 악구(phrase)를 말로 옮길 수 있다면 형용사가 될 거야. 훌륭한 서정시는 길고도 완벽한 하나의 형용사와도 같을 걸세. 플라톤은 현대인의 오해와 달리 어리석지 않았다네. 그는 추상 명사(즉 명사로 위장한 형용사)를 최고의 실재인 '형상'으로 격상시켰거든.

논리상 하나님이 '실체'인 것은 나도 잘 아네. 그러나 '성질'을 갈구하는 내 마음은 여기서도 정당하게 인정된다네. "주의 크신 영광을 인하여 주께 감사하나이다." 이 말씀에서 영광은 곧 **하나님 자신**일세. 하나님의 속성(성질)은 하나님에 대한 추상 개념이 아니야. 물론 하나님은 인격적이시지만 그것을 훨씬 넘어서시지. 더 진지하게 말하자면 '사물'과 '성질', '실체'와 '속성'을 가르는 우리의 모든 구분은 그분께 적용되지 않는다네. 어쩌면 피조물에게 적용되는 정도도 생각보다 훨씬 낮을 거야. 무대 장치의 일부에 불과할지도 모르지.

기도할 때 물보라처럼 끊임없이 뿜어져 나오는 심상은 모두 찰나적이면서도 서로를 바로잡아 주고 다듬어 주고 생기를 더해 준다네. 잘 상상되지 않는 개념에 영적인 살을 입혀 준다고나 할까. 그런데 이런 심상이 내 경우에는 뭔가를 간구할 때보다 그분을 경배할 때 더 자주 찾아온다네. 간구에 대해서라면 그동안 우리가 편지에 쓸 만큼 썼을 텐데, 나는 그것을 후회하지 않아. 간구야말로 올바른 출발점이니까. 온갖 문제를 야기하기도 하지만 말이지. 만일 누군가가 이 출입문을 통과하지 않고 더 고차원의 '형상'을 실천하거나 논하려 한다면, 나는 그 사람을 신뢰하지 않을 걸세. "낮아지지 않고는 높아질 수도 없나니"(토마스 아 켐피스의 《그리스도를 본받아》에 나오는 구절 — 옮긴이). 기도에서 간구를 생략하거나 얕보는 이유는 더 거룩해서가 아니라 때로 믿음이 부족해서일 수 있다고 보네. 간구하다 보면 "순전히 내 욕심인가?" 하는 의문이 튀어나오게 마련인데, 믿음이 부족해서 그런 껄끄러운 의문을 지레 피하는 것이지.

《개인 기도》 16장

/ 17일 /

무엇을 하든지 하나님의 영광을 위해

로마서 8:26-34
시편 91:9-16

하나님의 주권은 무한하고 만고불변하여 우리는 그 주권에 저항하거나 순응할 수 있을 뿐이다. 중도란 없다. 그럼에도 분명 기독교는 인간의 일상생활 가운데 어느 것 하나도 배제하지 않는다. 사도 바울은 지금 하는 일에 충실하라고 말했고, 심지어 이교도의 잔칫집에 다녀도 된다고 전제하기까지 했다. 우리 주님도 결혼식에 참석했고 포도주를 만드는 기적을 베푸셨다. 기독교가 부흥했던 대부분의 시대에 학문과 예술은 교회의 후원 아래 융성했다. 이 역설을 푸는 답은 당신도 물론 알고 있다. “너희가 먹든지 마시든지 무엇을 하든지 다 하나님의 영광을 위하여 하라.”

아무리 초라한 자연적 활동이라도 하나님께 드리면 다 받아 주시지만, 아무리 고상한 일도 그분께 드리지 않으면 죄다 악해진다. 기독교는 자연적 삶을 새로운 삶으로 그저 바꾸는 것이 아니라 자연적 소재를 초자연적 목적을 위해 활용하는 새로운 질서다. 물론 상황에 따라 한낱 인간적 추구에 지나지 않는 것이라면 일부 혹은 전부 내려놓으라고 요구하기도 한다. 두 눈을 가지고 지옥에 던져지느니 한 눈만 남길지언정 구원을 받는 것이 낫다. 그러나 어떤 의미에서 그런 내려놓음은 **부수적인 일**이다. 그런 특수한 상황에서는 이런저런 활동을 하나님의 영광을 위해 수행하는 것이 더는 불가능하기 때문이다.

본래 영적 삶과 인간이 하는 모든 활동은 상충되지 않는다. 그래서 우주에 하나님이 편재하시듯 그리스도인의 삶에도 하나님을 향한 순종이 편만해질 수 있다. 우주에 충만하신 하나님의 방식은 우리 몸이 공간을 점유하는 방식과 다르다. 즉 물리적으로 다른 물체를 밀어내고 우주의 한 부분을 하나님이 차지하시는 것이 아니다. 신뢰할 만한 신학자들이 말한 것처럼 하나님은 어디에나 계신다. 우주의 모든 지점에 온전히 현존하신다.

“우리처럼 막중한 책임을 부여받은 피조물 입장에서 볼 때 인간의 문화란 변명의 여지 없이 천박하다"라는 견해를 우리는 이제 물리칠 수 있다. 이와 동시에 나는 일부 현대인의 머릿속에 잔존하는 개념, 즉 문화 활동이 그 자체로 영적이고 칭송받을 만하다는 개념도 배격한다. 마치 학자와 시인이 청소부와 구두닦이보다 본질적으로 하나님께 더 기쁨이 된다는 듯한 생각과 태도 말이다. 내가 알기로 영어 단어 "스피리추얼"(spiritual)을 독일어 단어 "가이스트리히"(geistlich)처럼 좁은 의미의 '영적'이라는 의미로 처음 쓴 사람은 매튜 아놀드인데, 이로써 그는 지극히 위험하고 반기독교적인 오류를 끌어들였다. 이 오류는 우리의 머릿속에서 영영 지워 버리자. 베토벤 같은 작곡가도 파출부도 그들이 하는 일은 정확히 똑같은 조건에서만 영적이다. 즉 "주께 하듯" 겸손히 하고 하나님께 드려야 하는 것이다. 물론 청소 일을 할지 교향곡을 작곡할지를 순전히 우연에 맡기라는 말은 아니다. 하나님의 영광을 위해 두더지는 땅을 파고 수탉은 울어야 한다.

우리는 한 몸의 지체지만 분화된 지체라서 각기 소명이 다르다. 가정교육과 재능과 환경은 대개 한 사람의 소명을 가늠할 때 일반적으로 살펴보는 지표다. 부모가 우리를 옥스퍼드대학에 보냈고 국가가 그곳에 몸담게 해 준다면, 이는 일단 현재로서는 하나님께 영광을 돌릴 수 있는 최선의 삶이 학문의 길이라는 **분명한** 증거다. 물론 여기서 하나님의 영광을 위한 학문이란 “자신의 지적 탐구로 결론을 확정 짓고 그대로 교화하려는 시도”가 아니다. 이는 프랜시스 베이컨의 말마따나 진리의 창시자께 거짓이라는 부정한 제물을 바치는 꼴이다. 내 말은, 지식과 미(美)를 어떤 의미에서 그 자체로 추구하되, 둘 다 하나님을 위한 것임을 잊지 말라는 뜻이다. 인간의 마음에는 지적 욕구와 심미적 욕구가 존재하며, 하나님은 어떤 욕구도 헛되이 주시는 법이 없다. 그러므로 지식과 미를 추구하는 사람은 이를 통해 본인이 하나님을 더 잘 볼 수 있거나 혹은 다른 사람이 하나님을 보도록 간접적으로 돕는다는 확신을 품을 수 있다.

《영광의 무게》, “전시(戰時)의 학문”

/ 18일 /

상처받기 쉬워서 아름다운 사랑

에베소서 5:1-6
시편 5:5-12

안전한 투자란 없다. 사랑하면 상처에 취약해진다. 무엇이든 사랑해 보라. 틀림없이 마음이 쥐어짜이듯 아프고 어쩌면 찢어질 수도 있다. 마음을 조금도 다치지 않으려면 심지어 동물에게도 마음을 주어서는 안 된다. 마음을 취미와 소소한 안락에 잘 싸매 두고 누구와도 일절 부대끼지 말라. 이기심이라는 당신의 관 속에 안전히 모셔 두라. 그러나 안전하고 캄캄하고 움직임도 없고 바람도 통하지 않는 그 관 속에서 마음은 변질될 것이다. 찢어지거나 상처받을 일도 없겠지만 또한 구원받을 수도 없고 아무도 뚫고 들어갈 수 없는 상태가 될 것이다. 비극의 가능성마저 미리 다 차단하면 그 결과는 저주다. 천국을 제외하면 사랑의 모든 위험과 혼란에서 완벽하게 안전할 수 있는 곳은 지옥뿐이다.

아무리 도에 지나친 무법의 사랑이라도, 자신을 보호하려고 아예 사랑하지 않기로 작정하는 것보다는 하나님의 뜻에 덜 어긋난다. 그런 사랑하지 않음은 "주인이여 당신은 굳은 사람이라"(마 25:24 — 옮긴이)와 거의 같은 이유로 달란트를 땅에 감추어 두는 것과 같다. 그리스도는 사람 사이의 사랑에서조차 자신의 행복을 더 앞세우라고 가르치지 않으셨고, 그것은 그분이 고난당하신 목적에 맞지 않는다. 눈에 보이는 인간을 사랑할 때 타산적인 사람이, 보이지 않는 하나님이라고 다르게 대할 리 만무하다. 하나님께 더 가까이 가려면 모든 사랑에 내재된 아픔을 피하려 할 게 아니라 아픔을 받아들여 하나님께 드려야 한다. 방어 무기를 모두 내려놓아야 한다. 마음이 찢어져야 한다면, 그래서 하나님이 이 방법을 택하셔서 우리 마음을 찢으신다면, 잠자코 따라야 한다.

물론 모든 자연적 사랑은 궤도를 벗어날 수 있다. **궤도를 벗어난다**는 말은 "신중하지 못하다"라는 뜻도 아니고 "너무 크다"라는 뜻도 아니다. 그런 수량적 개념이 아니다. 어떤 인간을 '너무 많이' 사랑하는 것은 거의 불가능하다. 하나님을 향한 사랑에 **비해** 인간을 너무 많이 사랑할 수는 있다. 그러나 궤도를 벗어난 쪽은 하나님을 향한 너무 작은 사랑이지 사람을 향한 후한 사랑이 아니다. 다만 여기서도 신중을 기해야 한다. 그렇지 않으면 자칫 어떤 사람을 힘들게 만들 수 있다. 그들은 바른길로 잘 가고 있으면서도, 사랑하는 사람에게 느끼는 따듯한 감정을 하나님께는 느낄 수 없어 고민한다. 모두가 늘 그렇게 느끼기를 바라는 것까지는 바람직해 보인다. 우리는 이 은사가 주어지기를 기도해야 할 것이다. 그러나 그리스도인의 본분에 관한 한, 하나님과 사람 가운데 어느 쪽을 '더' 사랑하느냐 하는 것은 감정의 강도를 비교하는 문제가 아니다. 진짜 문제는 (선택의 기로에 서게 될 때) 어느 쪽을 섬기거나 택하거나 앞세우느냐는 것이다. 결국 당신의 의지는 누구의 말에 따를 것인가?

늘 그렇듯 우리 주님의 말씀이 신학자들의 말보다 훨씬 엄격하면서도 훨씬 감당할 만하다. 주님은 사람을 사랑하면 상처받기 쉬우니 조심하라고 말씀하신 적은 없지만, 그분을 따르는 데 걸림돌이 되는 순간 사람을 향한 모든 사랑을 가차 없이 치워 놓으라고 따끔하게 말씀하셨다. "무릇 내게 오는 자가 자기 부모와 처자와 … 자기 목숨까지 미워하지 아니하면 능히 내 제자가 되지 못하고"(눅 14:26).

《네 가지 사랑》, "자비"

정답으로 인도하시는 하나님

이사야 56:1-7
시편 27:4-9

루이스는 적잖은 시간을 들여 편지에 답장을 썼다. 이 글은 존슨 여사의 몇몇 질문에 답한 내용이다.

"사람이 죽고 나면 다시 기회가 있을까요? 찰스 윌리엄스(루이스와 교분이 두터운 영국 작가 — 옮긴이)가 그렇게 말한 것 같아서요."

두 가지를 구분하시면 좋습니다. **1) 엄밀한 의미에서 또 다른 기회.** 곧 현세에서 넘어서지 못한 모든 문제를 다시 붙들고 씨름해야 하는 새로운 지상에서의 삶입니다. 일부 종교에서 말하는 윤회와 비슷하지요. **2) 연옥.** 구속(救贖) 사역이 지속되는 과정이며, 어쩌면 이 과정은 죽고 나서야 처음으로 눈에 띌지도 모릅니다. 제 생각에 찰스 윌리엄스가 말하는 것은 1번이 아니라 2번입니다.

"제가 무신론자로 죽으면 어떻게 될까요?"

어떤 경우를 가정해서 "그때 어떻게 될지"에 대해서는 우리가 아는 지식이 아무것도 없습니다.

"지금도 메시아를 기다리는 유대인들은 어떻게 될까요?"

제 생각에 참하나님은 거짓 신에게 또는 아주 불완전하게 이해된 참하나님께 드리는 기도라도 진실하기만 하다면 받아 주십니다. 또 그리스도께서 구원하시는 무리 중에는 자신이 그리스도를 안다고 생각하지 않았던 사람도 많으리라 봅니다. 그들이 따르는 불완전한 교사들의 **좋은** 면 속에 그분이 (희미하게나마) 임재하시니까요. 양과 염소 비유(마 25:31 이하)에 보면 구원받은 이들은 자신이 그리스도를 섬겼다는 사실을 모르는 것 같습니다. 그러나 비신자들에 대한 걱정이 가장 유용하게 쓰일 때는 그들을 걱정해서 이런저런 추측에 빠질 때가 아니라 당연히 그들을 위해 간절히 기도할 때입니다. 그리고 우리 삶으로 기독교를 대변하여 매력을 풍기려고 애쓸 때이지요.

"성경은 무오한가요?"

하나님의 참된 말씀은 성경이 아니라 그리스도 자신입니

다. 바른 마음으로 읽고 좋은 교사들의 지도를 받는다면 성경은 우리를 하나님께로 인도합니다. 특정 본문이 제대로 번역되었는지, 신화(물론 영적 진리가 담겨 있는 수많은 신화 가운데서 하나님이 특별히 고르신 신화)인지 아니면 역사인지를 정말 반드시(즉 논쟁이나 호기심 때문이 아니라 영적 삶을 위해) 알아야 할 때는, 틀림없이 하나님이 우리를 정답으로 인도해 주십니다. 다만 (우리 선조들이 비일비재하게 그랬듯이) 성경을 백과사전처럼 이용해, 본문을 (문맥에서 떼어 내고 그 본문이 등장하는 책 전체의 성격과 취지를 무시하고 해석해서) 무기로 써먹어서는 안 됩니다.

"강도가 아일린을 죽였다면 제가 그 강도가 죽기를 바라는 게 잘못일까요?"

여사님이 '바라는' 바가 무엇인지는 문제의 핵심이 아닙니다. 사형 제도는 피살자의 유가족이 살인범의 죽음을 바란다 해도 잘못일 수 있고, 바라지 않는다 해도 옳을 수 있습니다. 문제는 기독교 국가가 살인범에게 사형을 집행해야 하느냐 여부일 뿐, 이해 당사자 개인의 감정이 어떠한가가 아닙니다.

"정당방위에 해당하는 살인은 괜찮은가요?"

의심의 여지 없이 그리스도인은 '복수하려는' 본능적 충동이 일 때마다 이를 물리쳐야 합니다. 사랑하는 사람이 고문당하거나 살해된다 해도 결코 복수심에 휘둘려서는 안 됩니다. 복수의 문제에 한해서라면 "오른편 빰을 치거든 왼편도 돌려 대"는 것이 기독교의 규범이지요. 그러나 (피해자 측이 **아닌**) 중립적 공권력이 살인범이나 공공의 적에게 제도적으로 사형을 집행하는 것은 전혀 다른 문제입니다. 초기 그리스도인 작가인 사도 바울이 "그(다스리는 자)가 공연히 칼을 가지지 아니하였으니"라고 한 것으로 보아 그는 분명히 사형 제도에 찬성했습니다. 기록에 보면 세례 요한은 자기를 찾아와서 "우리는 무엇을 하리이까"라고 묻는 군인들에게 군대를 떠나라고 하지 않았습니다. 우리 주님도 백부장을 칭찬하실 때 군인이라는 직업 자체가 죄라고 암시하신 바가 없지요. 이것은 언제나 기독교의 전반적 견해였고, 반전주의는 최근에 일부 지역에서 생겨난 변화입니다. 물론 반전주의자를 존중하고 용납해야겠지만 제 생각에 그것은 잘못된 견해입니다.

"사랑하는 이들을 천국에서도 알아볼 수 있을까요?"

성경에서 천국을 상징하는 것은 1) 저녁 만찬, 2) 혼인 예식, 3) 도시, 4) 음악회 등입니다. 하객이나 시민이나 합창대원이 서로 모르는 사이라면 분위기가 이상할 것입니다. 죽음으로 끝나 버릴 사랑이라면, 어떻게 현세에서 서로 사랑하라고 명하실 수 있겠습니까?

"웨인이 천국에 가지 못한다면 저도 가고 싶지 않습니다. 웨인의 이름이 제 뇌리에서 지워질까요?"

답이 무엇이든 간에 절대 그렇지는("뇌리에서 지워지는 것") 않습니다. 내게 가장 소중한 사람보다 하나님을 더 사랑하면 그 사람을 지금보다 더 사랑하게 됩니다. 그러나 하나님을 제쳐두고 **하나님 대신** 그 사람을 사랑하면, 결국 그 사람을 전혀 사랑하지 못하게 되지요. 중요한 것을 첫자리에 둘 때 그다음 것들은 억눌리는 것이 아니라 더 커집니다. 여사님도 저도 앞으로 하나님을 온전히 사랑하게 된다면, 그때는 이 괴로운 질문의 답이 분명해질 것입니다. 그리고 그 답은 상상을 초월할 정도로 아름다울 것입니다. 지금 우리에게 답이 없을 뿐이지요.

The Collected Letters of C. S. Lewis(C. S. 루이스 서한집)

제3권 1952년 11월 8일

천국, 하나님과의 연합

요한복음 14:1-7
시편 139:7-12

고대 이집트에 대해 알아 가다 보면 당시 문화에서는 죽은 사람을 행복하게 해 주는 것이 삶의 주요 과업이었다는 인상을 받는다. 그런데 하나님은 자신의 선민이 이 선례를 따르기를 원하지 않으신 것 같다. 이유가 무엇일까? 영원한 운명에 대한 인간의 관심이 도를 넘어서는 경우가 있을까? 역설처럼 들리겠지만 어떤 의미에서 그렇다고 본다.

사실 죽음 뒤의 행복이나 불행 자체는 종교적 주제가 전혀 아닌 것 같다. 물론 그것을 믿는 사람은 신중히 불행을 피하고 행복을 꾀할 것이다. 그러나 이것은 건강을 돌보거나 노후를 위해 저축하는 것만큼이나 종교와는 무관해 보인다. 유일한 차이라면 이 경우에는 훨씬 큰 것을 걸어야 한다는 것이다. 신념이 확고부동할 경우, 뒤따라오는 희망이나 불안도 그만큼 어마어마하다는 말이다. 하지만 그렇다 해서 더 종교적인 것은 아니다. 자신을 위한 희망이고 자신을 위한 불안일 뿐 하나님이 그 중심에 계시지 않는다. 그 사람에게는 여전히 다른 무엇을 위해서만 하나님이 중요하다. 그런 신념은 하나님을 믿지 않아도 사실 존재할 수 있다. 불교 신자는 자신이 죽은 후에 어떻게 될지 관심이 지대하지만 진정한 의미의 유신론자는 아니다.

그래서 하나님은 미래의 지복이나 파멸을 암시하며 자신을 계시하지 않으셨다. 당연히 그러실 수밖에 없었을 것이다. 그보다 오직 하나님만이 인간의 참된 목표이자 인간에게 필요한 것을 채워 주신다는 것부터 알려 주셨다. 무언가를 주시거나 거두시는 것과 관계없이 하나님이라는 이유만으로 인간을 주관하신다는 것이다. 지복이나 파멸은 올바른 출발점이 아니다. 그것을 너무 일찍 간절히 믿으면, 하나님을 갈망하기가 오히려 난망해질 수 있다. 너무도 격한 사적인 희망과 두려움이 중심을 차지해 버린 뒤이기 때문이다.

이후 수백 년에 걸친 영적 훈련을 통해 인류가 "사슴이 시냇물을 찾기에 갈급함같이" 하나님을 갈망하고 사모하는 법을 배우게 되면 달라진다. 그때는 하나님을 사랑하는 이들이 그분을 즐거워하기를 갈망할 뿐 아니라 "그분을 '영원히' 즐거워하기를" 갈망하고 그분을 잃는 것을 두려워할 테니 말이다. 참으로 종교적인 의미에서 천국을 소망하고 지옥을 두려워하는 마음은 바로 거기서 싹틀 수 있다. 그런 소망과 두려움에 고유의 독자적 가치가 있어서가 아니라 이미 하나님께 중심을 둔 신앙의 필연적 귀결이기 때문이다. '천국'이 하나님과의 연합을 뜻하지 않고 '지옥'이 하나님과의 분리를 뜻하지 않는다면, 천국과 지옥을 믿는 신념은 유해한 미신이라고까지 말할 수 있다. 그러면 우리에게 남는 거라고는 한편으로 (슬픈 인생 이야기의 '속편'으로서 만사가 '형통할' 것을 믿는) '보상' 심리와 또 한편으로 사람을 정신병원으로 보내거나 박해자가 되게 하는 악몽뿐이기 때문이다.

다행히 하나님의 선하신 섭리 덕분이지만, 신앙이랄 것도 없는 그런 이기적 신념을 확고부동하게 유지하기란 지극히 어렵다. 어느 정도 망상에 빠진 이들만이 가능할 것이다. 우리 대다수가 경험하다시피 내세에 대한 신념은 하나님이 우리 사고의 중심에 계실 때에만 강고해진다. '천국'의 소망을 보상으로 삼으려 들면(가장 무고하고도 마땅한 슬픔인 사별의 슬픔에 대한 보상일지라도) 그 소망은 무너져 버린다. 그런 의미의 소망은 안간힘을 다해 상상해 내야만 지속될 수 있으며, 그런 상상이 자신에게서 난 것임을 자신도 속으로는 안다.

연로한 성직자들의 "지옥 불 설교"를 읽으며 지옥에 대해 새삼 놀라는 것이 있다. 그들은 지옥의 참상을 생생히 전하려고 필사적으로 노력하는데, 그런 묘사를 듣고도 마냥 태평하게 살아가는 이들을 보며 그들은 경악하는 것이다. 어쩌면 경악할 일도 아니다. 그 성직자들은 청중의 타산적 신중함과 이기적 공포심에 호소하지만, 그런 수준의 신념이 행실에 영원한 영향을 미칠 수는 없다. 몇 분 혹은 길어야 몇 시간 동안만 감정을 자극할 뿐이다.

《시편 사색》, "시편이 말하는 죽음"

/ 21일 /

창조의 협력자로 살다

골로새서 2:2-6
시편 140:1-8

하나님의 뜻은 고유의 선(善)을 늘 아시고 품으시는 그분의 지혜와 선하심에서 비롯한다. 하나님이 뭔가를 명하시는 이유는 순전히 그것이 선하기 때문이다. 그런데 꼭 덧붙일 말이 있다. 이성적 피조물이 자원해서 창조주께 순종하는 것도 고유의 선 가운데 하나라는 것이다. 순종의 내용은 늘 고유의 선이다. 즉 하나님이 하라고 명하시는 일은 설령 하나님이 명하시지 않았더라도(불가능한 가정이지만) 반드시 해야 할 일이다. 그러나 내용뿐 아니라 순종 자체도 고유의 선이다. 이성적 피조물은 순종을 통해 의지적으로 피조물의 **본분**을 수행하고 인류를 타락에 빠뜨린 불순종 행위를 뒤집기 때문이다. 순종을 통해, 아담이 간 길을 거꾸로 되밟아 하나님께 돌아가는 것이다.

그래서 우리는 고유의 의(義)란 당연히 즐거운 것이라서 선한 사람일수록 그것을 더 좋아한다는 아리스토텔레스의 말에 동의한다. 하지만 칸트의 말에도 동의하는데, 의로운 행위지만 타락한 피조물에게 즐겁지 않은 것이 하나 있으니 바로 순복이며, 거기에 이르려면 의지적으로 결단해야만 한다는 말이다. 이 하나의 의로운 행위에 다른 모든 의가 포괄되어 있다는 말도 덧붙여야 한다. 본능에 어긋나는 일이라 내키지 않더라도, 피조물인 우리는 오로지 순종하려는 의지만으로 그것을 받아들여야 한다. 그 일을 수행하는 동기는 오직 순종이어야 한다. 그래야 아담의 타락을 완전히 상쇄할 수 있고, 아득히 먼 여정을 '전속력으로 후퇴하여' 낙원으로 돌아갈 수 있으며, 단단히 묶인 해묵은 매듭을 풀 수 있다. 순종은 피조물이 하나님께 돌아왔는지 확인해 보려는 '시험'일 수 있다. 그래서 선조들이 '우리를 연단하려고 하나님이 보내시는' 고난을 말한 것이다.

잘 알려진 예로, 이삭을 제물로 바치라고 아브라함에게 명하신 '시험'이 있다. 이 이야기의 역사성이나 도덕성은 일단 접어 두고, 내 관심은 당연히 다음 질문에 있다. "하나님은 전지하시므로 굳이 시험하지 않았어도 아브라함이 어떻게 할지 아셨을 것이다. 그런데 이런 불필요한 괴로움을 왜 주시는가?" 하지만 성 아우구스티누스가 지적했듯이, 하나님이 무엇을 아셨든 간에 적어도 아브라함은 자신이 직접 겪어 보지 않았다면 그런 명령에 기꺼이 순종하리라는 사실을 몰랐다. 자신이 순종을 선택하리라는 사실을 모르는 한, 순종을 선택했다고 말할 수 없다. 순종의 실체는 바로 아브라함의 행위 자체였다. 하나님은 아브라함이 '순종할' 것을 아셨는데, 이는 아브라함이 그 순간 산꼭대기에서 보일 순종의 행위를 아셨다는 의미다. 하나님이 "시험해 보실 필요가 없었다"라고 한다면 하나님이 아시는 것은 존재할 필요도 없다는 말과 같다.

고통은 때로 피조물의 잘못된 자족감을 무너뜨린다. 그런데 극도의 '시련'이나 '희생'을 통해 고통이 가르치는 자족감이 있다. 인간이 마땅히 품어야 할 이 자족감은 '천국에서 왔으므로 내 것이라 할 수 있는 힘'이다. 즉 의지적으로 순복할 때 하나님이 부여하시는 힘이다. 그 덕분에 우리는 본능적 동기와 버팀목이 전혀 없더라도 오직 그 힘만으로 행할 수 있다. 인간의 의지는 온전히 하나님께 붙들릴 때 참으로 창조적이고도 참으로 자신의 것이 된다. 자기 목숨을 잃는 자는 얻으리라는 말씀에 그런 의미도 있는 것이다.

다른 모든 행위에서는 우리의 의지를 자연, 즉 자아 이외의 피조물이 떠받친다. 이것은 인간의 육체와 유전자에서 나오는 갈망이다. 그러나 우리의 행위가 오직 자신에게서, 즉 우리 **안에** 계시는 하나님에게서 나올 때는 우리가 창조의 협력자가 된다. 창조의 도구로 살아가는 것이다. 그래서 이런 행위는 아담이 인류에게 걸어 놓은 파멸의 주문(呪文)을 원상으로 되돌린다. '주문을 거꾸로 외워 효력을 없애는' 셈이다.

자살이 체념의 전형적 표현이고 결투가 투지의 전형적 표현이듯이, 순교는 늘 기독교의 지고한 실현이자 완성이다. 이 위대한 행위를 우리를 위해 주도하시고 우리 대신 완수하시고 우리의 모본으로 제시하시고 모든 신자에게 놀랍게 소통하신 분이 계시니 바로 갈보리의 그리스도시다. 그분이 십자가에서 감수하신 죽음은 가히 상상을 초월한다. 모든 인간이 그분을 버렸을 뿐 아니라 아버지의 임재마저도 그분을 떠났다. 그래도 예수님은 아버지께 자신을 제물로 드리셨고, 자신을 '버리신' 하나님께 흔들림 없이 순복하셨다.

《고통의 문제》, "인간의 고통"

하나님의 침묵

마태복음 11:25-30
시편 68:17-21

루이스는 58세에 결혼했으나 몇 해 지나지 않아 아내 조이를 사별했다. 《헤아려 본 슬픔》은 그 고통의 시간을 담은 책이다.

아무도 말해 준 적이 없지만 큰 슬픔은 나태를 부른다. 여전히 기계처럼 돌아가는 듯한 일터만 아니라면 정말 꼼짝도 하기 싫다. 편지 쓰기는 고사하고 읽기도 힘에 부친다. 면도도 귀찮다. 수염으로 덥수룩하든 말든 무슨 상관이란 말인가? 흔히들 불행한 이는 자신을 자신에게서 꺼내 줄 위락을 원한다지만, 지칠 대로 지쳤다면 추운 밤에 담요를 하나 더 덮고 싶어도 일어나 가져오느니 차라리 떨며 누워 있게 마련이다. 이래서 외로운 사람은 행색이 초라해지다가 결국 악취까지 풍기나 보다.

이럴 때 하나님은 어디에 계시는가? 이런 의문이야말로 괴롭기 그지없는 증상이다. 행복할 때는 행복에 겨워 하나님이 필요하다는 생각조차 들지 않는다. 너무 행복해서 하나님의 주관하심이 간섭으로까지 여겨지는 그때, 우리가 잘못을 깨닫고 감사와 찬양을 드리면 하나님은 두 팔 벌려 맞아 주신다. 그렇게 느껴진다. 그러나 상황이 절박한데 다른 도움이 다 부질없을 때, 하나님께 다가가면 무엇을 얻는가? 면전에서 문이 쾅 닫히고 안에서는 빗장을 지르고 또 지르는 소리가 들린다. 그다음은 침묵뿐이다. 그때는 돌아서는 것이 낫다. 기다릴수록 뼈저린 침묵만 느껴질 뿐이다. 창문으로 빛 한 점 새어 나오지 않는다. 어쩌면 빈집인지도 모른다. 누가 살았던 적이나 있을까? 한때는 누군가 살았던 집처럼 보였다. 그때의 느낌도 지금 이 느낌만큼이나 강했다. 지금 하나님의 부재는 무엇을 의미하는가? 왜 하나님은 우리가 형통할 때는 사령관처럼 군림하시다가 환난의 때에는 이토록 도움에 인색하신가?

오늘 오후에 C에게 이런 생각을 조금 털어놓았다. 그는 그리스도께도 똑같은 일이 있었던 것 같다고 일깨워 주었다. "어찌하여 나를 버리셨나이까." 나도 안다. 하지만 안다고 해서 이해하기가 쉬워질까?

내가 하나님을 믿는 신앙을 잃을지도 모른다는 위험은 (내 생각에) 별로 없다. 진짜 위험한 것은 하나님이 이렇게 무서운 분이라는 믿음이다. 내가 우려하는 결론은 "그러니까 하나님은 존재하지 않아"가 아니라 "하나님이 사실은 이런 분이니까 더는 너 자신을 속이지 마라"다.

선조들은 "주의 뜻이 이루어지이다"라고 고백하며 순복했다. 순전히 하나님이 무서워서 쓰라린 원망을 억누른 적이 얼마나 많았을까? 빤히 연극에 불과한 사랑의 행위로 고통을 덮은 적은 얼마나 많았을까?

《헤아려 본 슬픔》 1장

'천국'이 하나님과의 연합을 뜻하지 않고
'지옥'이 하나님과의 분리를 뜻하지 않는다면,
천국과 지옥을 믿는 신념은
유해한 미신이라고까지 말할 수 있다.

C. S. Lewis

Preparing for Easter

넷째 주

거듭난 사람의 기쁨과 영광

즐거운 순간을 최대한 누리되
그 순간을 떠나보낼 만반의 준비도
동시에 해야 합니다。

구원받은 영혼의 희열

마태복음 13:18-26
시편 25:1-7

영광을 하나님이 '알아 주시는' 상태라고 기술한다면 좀 유치해 보일지 모르겠다. 그러나 신약의 표현도 거의 비슷하다. 사도 바울이 하나님을 사랑하는 이들에게 전한 약속은 우리의 예상과 달리, 장차 그들이 그분을 안다는 것이 아니라 그분이 그들을 알아 주신다는 것이다(고전 8:3). 이상한 약속이다. 하나님은 늘 모든 것을 아시지 않는가? 그런데 이 이상한 약속은 신약의 다른 본문에서도 되풀이된다. 우리 가운데 누구라도 마지막 날 하나님 앞에 설 때에, "내가 너희를 도무지 알지 못하니 내게서 떠나가라"라는 끔찍한 말씀을 들을 수 있다는 경고다.

지성으로 이해할 수 없고 감정으로도 감당하기 힘들지만, 어떤 의미에서 우리는 무소부재하신 하나님의 임재에서 쫓겨나 전지하신 하나님의 지식에서 지워질 수 있다. 철두철미하게 **바깥에** 남겨질 수 있다. 내쳐지고 추방되고 소외되어 끝내 완전히 무시되는 것이다. 반대로 하나님의 초대와 환영과 영접과 인정을 받아 누릴 수도 있다. 날마다 우리는 이 두 가지 믿기 힘든 가능성 사이의 아슬아슬한 경계선 위를 걷고 있다. 그렇다면 우리 평생의 향수병(현재 단절감을 느끼는 우주의 무엇과 재결합하여 늘 밖에서만 보던 문 안으로 들어가고 싶은 동경)은 그저 망상이 아니라 우리의 실상을 보여 주는 가장 확실한 지표인 셈이다. 마침내 안으로 불려 들어가면 이는 우리의 공로로는 결코 얻지 못할 영광이자 명예이며, 이로써 그토록 우리를 괴롭히던 고질병까지 치유된다.

이제 영광의 다른 의미로 넘어가 보자. 영광은 환한 광채요 물리적 빛이기도 하다. 장차 우리는 해처럼 빛나며 샛별을 받는다(벧후 1:19; 계 2:28; 22:16 — 옮긴이). 나도 그 의미를 조금은 알 것 같다. 물론 어떤 면에서 하나님은 샛별을 이미 주셨다. 청명한 아침에 일찍 일어나 밖으로 나가면 이 선물을 누릴 수 있다. 거기서 무엇을 더 바랄 수 있겠느냐고 반문할지 모르지만, 우리가 원하는 것은 그것을 훨씬 넘어선다. 미학 서적이 거의 언급하지 않는 그것을 시인들과 각종 신화는 알고 있다. 아름다움을 **보는** 것만으로도 분명 큰 복이지만, 우리는 거기에 만족하지 않고 말로 표현하기 힘든 다른 무언가를 원한다. 아름다움과 연합해 그 속에 들어가고 아름다움을 자신 속에 받아들여 거기에 잠김으로써 아름다워지기를 원한다.

그래서 자고로 인간은 하늘과 땅과 바다에 온갖 신과 여신과 정령과 요정이 살게 했다. 자연으로 표상되는 아름다움과 은혜와 힘을 우리는 누릴 수 없으니 그들이라도 대신 누리도록 자신을 투사한다. 시인들이 그토록 감미로운 거짓을 속삭이는 이유도 그래서다. 그들은 하늬바람이 정말 인간의 영혼 속까지 불어올 듯 말하지만 그럴 수는 없으며, "졸졸거리는 소리에서 태동한 아름다움"(윌리엄 워즈워스의 시구 — 옮긴이)이 인간의 얼굴에 스며들 듯이 말하지만 그럴 일도 없다. 아직은 아니다. 하지만 성경의 은유를 진지하게 받아들일진대, 고대 신화와 현대 시가 역사로서는 허구이지만 예언으로서는 진리에 무척 가깝다고 볼 수 있다. 장차 하나님이 우리에게 샛별을 **주시고** 태양의 광채를 **입히시리라** 믿는다면 말이다.

다만 지금 우리는 그 세계의 바깥에 있고 문 저편에 있다. 싱그럽고 깨끗한 아침을 느끼더라도 우리까지 싱그럽고 깨끗해지지는 않으며, 광채를 볼 때 거기에 섞여 들 수는 없다. 그러나 영영 그렇지는 않으리라는 소문이 신약의 모든 책장마다 술렁인다. 하나님이 허락하시면 장차 우리도 그 **안으로** 들어간다. 부지중에 온전히 순종하는 무생물처럼 인간의 자발적 순종이 온전해질 그날, 우리는 영광을 덧입는다. 자연은 그 더 큰영광의 밑그림에 불과하다. 인간이 자연 속에 흡수된다는 이 말을 이교적 몽상으로 오해해서는 안 된다. 자연은 없어지지만 우리는 길이 산다. 모든 항성과 성운이 사라진 후에도 우리의 삶은 지속된다. 자연은 표상이요 상징일 뿐이로되 성경은 우리에게 이 상징을 활용하라고 권한다. 자연을 통과하고 넘어서, 자연에 희미하게 반사된 그 광채 속으로 들어오라고 우리를 부른다.

자연 너머 바로 거기서 장차 우리는 생명나무 열매를 먹는다. 그리스도 안에서 거듭난 경우, 현재의 영혼이야 직접 하나님을 의지하여 살아가지만, 정신과 특히 육신이 하나님께 받는 생명은 조상과 음식과 순리 등 수많은 단계를 거쳐서 온다. 세상을 창조하실 때 하나님은 물질 속에 즐거이 각종 에너지를 넣어 두셨는데, 그런 동력원의 멀고 희미한 산물이 흔히들 말하는 물리적 즐거움이다. 그렇게 걸러져 오는데도 현세에 다 감당하기에는 너무 벅차다.

이처럼 하류에서도 우리를 도취시키는 영광의 강물을 수원지에서 마시면 얼마나 더하겠는가? 바로 그것이 우리의 미래다. 그때는 우리의 전 존재가 기쁨의 샘에서 기쁨을 마신다.

성 아우구스티누스가 말한 대로, 구원받은 영혼의 희열은 영화로워진 몸속까지 '흘러넘친다.' 현재 우리의 편협하고 타락한 성향으로는 이런 물밀 듯한 즐거움을 상상할 수 없으며, 모두에게 엄중히 경고하건대 상상하려 해서도 안 된다. 단, 언급은 필요하다. 그래야 그나마 더 잘못된 생각(영혼만 구원받는다거나 부활한 몸이 멍한 무감각 상태로 살아간다는 생각)을 몰아낼 수 있다. 몸도 주님을 위해 지어졌기에 그런 암울한 공상은 얼토당토않다.

그때까지는 면류관 이전에 십자가가 있고, 내일이 되면 또다시 월요일 아침이 온다. 이 각박한 세상의 담벼락에 틈새가 벌어졌고, 위대한 대장께서 안으로 따라 들어오라고 우리를 부르신다. 물론 그분을 따르는 것이 핵심이다. 그렇다면 여태 살펴본 내용이 실제 무슨 유익이 있는지 의아해질 수 있다. 적어도 한 가지 유익이 떠오른다. 이제부터 누구든지 본인의 잠재적 영광은 너무 과하게 생각해서는 안 되지만, 이웃의 영광은 아무리 자주 또는 깊이 생각해도 지나치지 않다. 사람마다 자신의 등에 이웃의 영광의 무게를 짊어지거나 그 하중을 견뎌야 한다. 그 짐은 너무 무거워서 겸손한 사람만이 질 수 있고, 교만한 사람은 그 무게에 등골이 부러진다.

누구나 신이 될 수 있는 사회에 산다는 것은 심각한 일이다. 잊지 말아야 한다. 당신이 만난 가장 둔하고 가장 재미없는 사람이 언젠가 강한 숭배 욕구를 불러일으키는 인물로 변할 수도 있고, 반대로 행여 악몽에서나 등장하는 끔찍한 악한이 될 수도 있다. 우리는 온종일 어느 정도 서로를 둘 중 한쪽으로 떠밀고 있다. 이런 엄청난 가능성을 염두에 두고 그만큼 경건하고 신중하게 서로를 대하며 모든 우정과 사랑과 놀이와 정치에 임해야 한다.

보통 사람이란 없다. 당신은 그저 필멸할 인간과 대화한 적이 결코 없다. 국가와 문화와 예술과 문명은 다 마지막이 있으며, 그것들의 수명은 우리 삶에 비하면 하루살이에 지나지 않는다. 그러나 우리가 함께 농담을 주고받고 일하고 결혼하고 구박하고 착취하는 사람은 불멸의 존재다. 불멸의 악한이거나 영원한 성자다. 그렇다고 늘 엄숙해야 한다는 말은 아니며 놀 줄도 알아야 한다. 다만 우리의 유쾌함은 처음부터 서로를 진지하게 대해 온 사람들 사이에서만 가능한 것이라야 한다(실제로 그래야 가장 유쾌하다). 즉 경박해지거나 우월감을 품거나 주제 넘어서는 안 된다.

우리의 사랑은 죄인을 사랑하되 죄는 심히 미워하는 진정한 희생적 사랑이라야 한다. 유쾌함을 경박함으로 전락시킬 수 없듯이 사랑을 한낱 묵인이나 방임으로 변질시켜서는 안 된다. 복된 성찬 다음으로 이웃이야말로 당신이 오감으로 접하는 가장 거룩한 대상이다. 그 이웃이 그리스도인이라면 거의 성찬만큼이나 거룩하다. 그 사람 안에도 그리스도께서 **참으로 숨어**

계시기 때문이다. 영광 자체이자 영화로워지신 그분은 참으로 숨어 계시며 그를 영화롭게 하신다.

《영광의 무게》, "영광의 무게"

/ 23일 /

천국으로 가는 버스

로마서 8:14-25
시편 25:1-7

《천국과 지옥의 이혼》은 지옥에서 천국으로 가는 버스를 탄 사람들 이야기로, 다음 글은 천국에서 이루어지는 대화다.

"사랑 없이 자아에 갇혀 있는 무리가 억지로 하는 요구가 있네. 자신들이 우주를 협박할 수 있어야 하고, 자신들이 (자기네 기준대로) 행복해질 때까지 아무도 기쁨을 맛보아서는 안 되며, 자신들이 최종 권한을 쥐고 있어야 하고, 지옥이 천국에 **거부권**을 행사할 수 있어야 한다는 요구 말일세."

"제가 원하는 게 뭔지 잘 모르겠습니다, 선생님."

"젊은이, 둘 중 하나일 수밖에 없다네. 그날이 오면 세상에 기쁨이 차고 넘쳐 불행을 퍼뜨리는 자들이 더는 기쁨을 더럽힐 수 없거나, 아니면 행복을 버리고 불행을 퍼뜨리는 그들이 남의 행복까지 영원히 짓밟거나 둘 중 하나지. 바깥 어두운 데 남겨지는 사람이 하나도 없어야 진정한 구원이라고 말한다면 듣기에는 아주 그럴듯하지. 하지만 그런 궤변을 조심하지 않으면 먹지 못할 밥에 재나 뿌리자는 우주의 폭군이 생겨날 걸세."

"입에 담기도 섬뜩하지만 그때가 되면 동정(pity)마저 사라진다는 말입니까?"

"구분이 필요하네. 동정의 행위는 영원하지만 동정의 감정은 그렇지 않아. 동정의 감정은 애틋한 본능에 불과해. 인간은 그것 때문에 동조하지 말아야 할 때 동조하고 진실을 말해야 할 때 아첨하지. 많은 여인이 정절을 잃고 많은 정치가가 양심을 저버린 것도 동정심에 이끌려서 그리된 걸세. 이런 동정심은 사라져야 하네. 악한 사람이 그것을 무기 삼아 선한 사람을 해치거든. 이런 무기는 버려야 돼."

"동정의 행위는 어떻게 다른가요?"

"무기는 무기인데 정반대지. 빛보다 빠르게 가장 높은 데서 가장 낮은 데로 내려와 어떤 희생을 치르더라도 치유와 기쁨을 주거든. 그 덕분에 어둠은 빛으로, 악은 선으로 변한다네. 그런데 그것은 선을 행하되 악한 방법은 쓰지 않아. 지옥이 아무리 간교하게 꾀어도 말일세. 어떤 병이든 약을 잘 쓰면 낫게 돼 있네. 황달에 걸렸다고 우기는 사람의 비위를 맞추려고 멀쩡한 얼굴을 노랗다고 말해 주거나, 장미꽃 냄새가 싫다는 몇 사람 때문에 세상 모든 정원을 갈아엎을 수는 없지 않은가."

"선생님, 동정의 행위는 가장 낮은 데로 내려온다고 하셨는데, 그 부인은 남편과 함께 지옥으로 내려가지 않았습니다(사라 스미스와 남편 프랭크를 가리킨다 — 옮긴이). 버스를 타고 돌아가는 그를 배웅하지도 않았고요."

"자네는 그 부인이 어디로 갔으면 좋겠는가?"

"우리 버스가 출발했던 곳으로 내려갔어야지요. 벼랑 끝 너머의 거대한 심연, 거기로 말입니다. 여기서는 보이지 않지만 선생님도 거기가 어딘지 아시잖아요."

스승은 야릇한 미소를 짓더니 "잘 보게"라고 말하며 무릎을 꿇고 땅에 엎드렸다. 나도 똑같이 했는데 무릎이 엄청 아팠다! 어느새 스승은 풀잎을 하나 뜯었는데 그것으로 내게 땅의 틈새를 가리켜 보였다. 아주 자세히 보아야 했다. 어찌나 좁은지 가느다란 풀잎으로 가리키지 않았다면 알아볼 수 없을 정도였다.

스승이 말했다. "자네가 **바로 이** 틈새로 올라왔는지는 확실하지 않지만 이렇게 좁은 틈새였던 것만은 확실하네."

"하지만…." 나는 당황해서 말문이 막혔다. 두려움 때문인 것 같기도 했다. "하지만 제가 본 것은 무한한 심연이었습니다.

양옆으로 벼랑이 높이 솟아 있었거든요. 지금 와 있는 이 나라는 그 벼랑 위에 있는 거고요."

"그야 그렇지만 자네는 장소만 옮긴 게 아니야. 그 버스와 거기에 탔던 모든 사람이 계속 규모가 더 커진 걸세."

"그럼 무한한 황무지인 지옥 전체가 이렇게 좁은 틈새 밑에 있다는 말입니까?"

"물론이지. 지옥은 자네가 살던 지상 세계의 돌멩이 하나보다도 작아. 참된 세계인 이 나라에 비하면 원자 하나보다도 작고 말일세. 저 나비를 보게나. 나비가 지옥을 통째로 삼킨다 해도 지옥은 너무 작아 나비에게 아무런 해도 끼치지 못하고 아무런 맛도 느껴지지 않을 걸세."

"그 안에 있으면 커 보이거든요, 선생님."

"지옥에 가득한 외로움과 분노와 증오와 시기심과 욕망을 모두 하나의 경험으로 뭉쳐 저울에 단다면, 천국에서 지극히 작은 자가 느끼는 찰나의 기쁨에도 못 미칠 만큼 아예 무게랄 것도 없다네. 선은 온전히 선한데 악은 제대로 악하지도 못해. 지옥의 모든 불행이 저 나뭇가지에 앉아 있는 작고 노란 새의 의식 속에 들어간다면, 망망대해에 떨어진 잉크 한 방울처럼 몽땅 흡수돼 흔적조차 없어질 걸세. 사실 저 바다에 비하면 태평양도 분자 하나에 불과하지."

"그렇군요. 그 부인은 너무 **커서** 지옥에 들어갈 수 없는 거군요.”

마침내 내가 그렇게 말하자 스승도 고개를 끄덕이며 말했다. “지옥이 아무리 입을 크게 벌려도 부인이 들어갈 자리는 없지.”

“이상한 나라의 앨리스처럼 부인도 작아질 수는 없나요?”

“그렇게까지 작아질 수는 없어. 저주받은 영혼은 무(無)의 상태에 가깝다네. 오그라들어 자기 안에 갇혀 있지. 듣지 못하는 귀에도 음파가 전달되듯이 저주받은 영혼에게도 선(善)이 끊임없이 부딪쳐 오지만, 그들은 선을 받아들일 수 없다네. 주먹을 움켜쥐고 이를 악물고 눈을 질끈 감았기 때문이야. 그래서 손을 펴서 선물을 받지 못하고, 입을 벌려 음식을 먹지 못하고, 눈을 떠서 보지 못한다네. 처음에는 일부러 안 하지만 결국은 불가능해지지.”

“그럼 아무도 그들에게 다가갈 수 없는 겁니까?”

“오직 가장 크신 그분만이 지옥에 들어갈 만큼 작아지실 수 있다네. 더 높은 존재일수록 더 낮게 내려갈 수 있거든. 사람은 말[馬]을 측은히 여길 수 있지만 말은 쥐를 측은히 여길 수 없지 않은가. 여태 지옥에 내려가신 분은 그분뿐이라네.”

“그분이 다시 내려가실까요?”

“그분은 오래전에 딱 한 번만 내려가신 것이 아닐세. 일단 지구를 벗어나면 시간의 이치가 달라진다네. 이미 지나갔거나 앞으로 다가올 모든 순간도 바로 현 순간이고, 그 현 순간에 그분이 내려가시는 것이지. 그분이 찾아가 말씀을 전하지 않으신 영혼은 지옥에 하나도 없다네."

《천국과 지옥의 이혼》 13장

/ 24일 /

죽음의 신비

히브리서 13:11-16
시편 116:1-7

그리스도는 나사로의 무덤에서 눈물을 흘리셨고 겟세마네에서 피를 땀처럼 쏟으셨다. 생명의 근원이신 그분은 이 역겨운 형벌을 우리보다 덜 싫어하신 게 아니라 더 싫어하셨다. 그러나 자기 목숨을 잃는 자만이 목숨을 구원받는 법이다. 우리는 세례를 통해 그리스도의 **죽음**과 연합하며, 그분의 죽음은 타락한 인류를 구원할 해법이다. 사실 죽음에는 일부 현대인의 표현처럼 '양면성'이 있다. 죽음은 사탄의 비상한 무기이자 하나님의 비상한 무기다. 죽음은 거룩하고도 부정하다. 죽음은 우리의 더없는 치욕이자 유일한 소망이다. 그리스도는 죽음을 정복하러 오셨고, 그 정복을 죽음을 통해 이루셨다.

물론 우리 힘으로는 이 신비의 전말을 파헤칠 수 없다. 하강과 재상승의 틀이 실재의 이치라면(그렇게 보인다), 죽음의 신비 속에 모든 비밀 중의 비밀이 숨어 있다. 다만 이 장엄한 기적을 제대로 보려면 먼저 꼭 해 두어야 할 말이 있다. 가장 높은 차원의 죽음은 논할 필요가 없다는 것이다. 어린양이 "창세 전에" 죽임을 당하신 신비는 우리의 이해를 초월한다(요한계시록 13:8의 일부 역본 참고 — 옮긴이). 그렇다고 가장 낮은 차원의 죽음도 생각할 필요가 없다. 인격이 없는 다른 유기체의 죽음은 우리의 관심사가 아니다. 그것에 대해서라면 일부 '지나치게 영적인' 부류가 인간의 죽음에 대해 하는 말처럼 "아무래도 상관없다"라고 말해도 무방하다. 그러나 인간의 죽음에 대한 기독교의 특이한 교리만은 무시해서는 안 된다.

기독교에 따르면 인간의 죽음은 인간이 죄를 지은 결과다. 인간은 본래 창조될 때 죄가 없었고, 속량되어 새 생명(의미는 명확하지 않지만 역시 육체가 있는 생명)을 받으면 다시 죄에서 해방된다. 더 유기적이고 더 온전히 순종하는 자연 속에서 말이다. 물론 인간이 자연적 유기체에 불과하다면 이 교리는 허튼소리일 뿐이다. 그렇다면 앞서 보았듯 어떤 생각이든 똑같이 허튼소리다. 모두 이성 없는 원인의 결과이기 때문이다. 그러므로 인간은 자연적 유기체 속에 초자연적 영혼이 거하거나 양쪽이 **공생하는** 복합적 존재일 수밖에 없다.

머릿속에서 자연주의를 완전히 떨쳐 내지 못한 이들에게는 기독교 교리가 충격으로 다가올 것이다. 이 교리에 따르면 지금 영혼과 유기체의 관계는 정상이 아니거나 병든 상태다. 지금은 영혼이 자연적 생리와 심리의 끝없는 역공을 물리치려면 늘 경계 태세를 유지해야 하는데, 그래도 결국은 자연적 생리가 늘 이긴다. 조만간 영혼은 육체 안에서 벌어지는 붕괴 과정에 저항할 수 없게 되고, 그리하여 죽음이 뒤따른다. (그 승리가 오래갈 수 없기에) 잠시 후면 그 죽은 유기체도 비슷하게 한낱 물리적 자연에 정복되어 무기물로 돌아간다.

그러나 기독교의 관점에서 보면 늘 그랬던 것은 아니다. 본래 영혼은 적대적 자연 속에서 힘겹게 초소를 지키는 수비대가 아니라, 자기 나라를 다스리는 왕이나 자기 말을 탄 기수처럼 유기체와 혼연일체를 이루었다. 켄타우로스(상반신은 사람이고 하반신은 말인, 그리스 신화의 족속 — 옮긴이)의 사람 부분과 말 부분처럼 혼연일체를 이루었다는 비유가 더 적합하겠다. 영혼의 힘으로 유기체를 온전히 다스려 유기체가 저항할 수 없을 때는 죽음도 존재하지 않을 것이다.

지금은 자연적 세력을 내버려 두면 유기체가 죽을 수밖에 없다. 그래서 영혼이 자연적 세력을 영원히 이기려면 반드시 기적이 지속되어야 한다. 실제로 똑같은 성격의 기적이 날마다 일어나고 있다. 이성적으로 사고할 때마다 우리는 순전히 영적 힘으로 우리 뇌의 분자와 본성의 심리 성향을 일부 통제해서, 우리 본성에 맡겼다면 절대 하지 않았을 일을 하라고 시키기 때문이다. 이 기독교 교리가 허황해 보이는 이유는 순전히 우리가 현재 모든 인간 안에서 영혼과 본성이 충돌하는 상태를 너무 정상적이고 당연하게 여겨 여태 그 상태밖에 존재한 적이 없다고 '보기' 때문이다.

《기적》, "장엄한 기적"

천상의 위로

요한계시록 3:19-22
시편 78:23-39

1.

청년이나 용사가 죽어도 하나님께 고함치며
삿대질하지 않는 우리가, 악담하는 너희보다
냉혈한이거나 아파할 줄 모른다고 너희는 생각한다.
너희가 그러는 줄은 나도 알지만 왜 그러는가?
너희에게는 슬플 때 원하는 것이 늘 있으니
곧 철천지원수인 양 비난할 대상이다.
분노하면 생각이 마취되므로

슬픔을 몰아내는 데는 도움이 된다.
우리도 너희처럼 충격을 받으며, 거기까지는
같은 운명이다. 그 뒤로 우리에게 시작되는 것은
반쯤 절망적인 노력이다. 미워하지 않고,
천사의 양식처럼 고결한 천상의 위로를 원하고,
그 위로를 (어쩌면) 얻는 법을 배워야 한다.
처음에는 인간을 조롱하는 듯한 그것을.

2.
차라리 절망에 빠지면 편하고 안전하겠지만
(심지어 복수처럼 느껴질 수도?) 우리에게는
그것이 금지된 바다. 우리가 서둘러 일어나
올라가야 할 계단은 사뭇 아찔해 보인다.
한 번의 사별에 위로받지만(물론 우리도
위로받는다, 그 끔찍한 과정이 지나간 후에
그나마 정신이 남아 있다면 말이다)
오히려 상실감이 더 깊어진다.
모든 것을 쏟아내 진이 빠질 정도다.
이 고통을 속속들이 아는 단테의 글을 보라.
그도 사별을 겪었고 그도 위로받았다.
받은 위로야 분명하지만 단테는

먼저 얼어붙은 땅속으로 내려갔다가 고통의
광활한 산을 오르며 온 세상을 두루 다녔다.

3.
이것만은 분명하다. 지상의 위로를 얻고자
감히 천국 문을 두드린 사람 누구도
입구조차 찾지 못했다. 자신이 외치는 소리만
끝없이 막힌 암벽에 부딪쳐 메아리로 돌아왔다.
귀를 기울이면 위험하다. 점차 그 메아리가
내면의 답인가 싶어 혹할 테니 말이다.
(희망은 사람을 속이는 얄궂은 재주가 있으니)
그나마 제정신일 때 돌아서는 게 훨씬 낫다.
이처럼 천국도 지상도 우리가 바라는 것을
줄 수는 없다. 없는 것을 구하기 때문이다.
그렇게 구함으로써 우리는 사랑의 그 부분을,
절망하고 죽어서 차가운 땅속으로 내려가야 할
바로 그 부분을 오히려 물을 주어 살려 낸다.
먼저 죽지 않고는 봄도 부활도 있을 수 없다.

4.
기준을 높이고 천상의 위로를 바라면 채워진다.

샛별이신 그분을 구하면 지상의 사랑까지도
덤으로 받는다. 그야 그렇지만 어떻게 사다리의
첫 칸을 오를 것인가? 어떻게 시작할 것인가?
침묵의 소리만이 파도처럼 우리 귓전을
때리고, 찬란한 아침은 거짓말과 허풍처럼 보인다.
사랑하는 고인의 얼굴은 밤마다 꿈속에서
자꾸 희미해지거나 점차 무서워 보인다.
"단테가 두루 다닌 먼 길은 위대한 성인이나
신비가의 몫이지 내가 갈 수 있는 길은 아니다."
그렇게 본성은 외친다. 그러나 본성의 목소리에
일단 동조하면 우리는 유리창을 통과해야
탐스러운 꽃에 다다를 줄 알고 몇 시간째
윙윙대며 유리창에 머리를 찧는 벌처럼 된다.

5.

의사가 말했다. "'그쪽이 아니야! 다 헛수고야.
날개 힘만 빠지고 머리만 다칠 뿐이야'라고
말한다 해도 벌은 여전히 유리창 앞을
윙윙 맴돌며 이렇게 대답하지 않을까요?
'유리창이라니, 그런 실없는 소리는 여왕벌과
신비가와 신앙 좋은 벌이나 떠드는 것이고

나 같은 무지렁이 일벌은 보이는 데로만 날아가지.
저기 봐, 저 앞쪽에 꽃과 풀이 있잖아!'
우리가 손수건으로 벌을 잡아서
(벌이 느낄 분노와 공포와 절망은 잘 모르지만)
바깥에 놓아 보내면 벌은 여름 대기 속의
흔들리는 꽃무리 쪽으로 신나게 날아가
실컷 꿀을 빨지요. 하지만 그대로 내버려두면
결국 창턱에 떨어져 죽어 있을 겁니다."

Peoms(시집), "다섯 편의 소네트"

/ 26일 /

퍼져 나가는 생명의 기운

고린도후서 5:14-21
시편 40:1-5

순식간에 온 세상이 뒤집힌 것 같았고 아이들은 몸 밖으로 붕 떠오른 기분이었다. 사자 아슬란이 준비 자세 끝에 평생 최고로 멀리 뛰어올라 성벽을 훌쩍 넘은 것이다. 뛰었다기보다 날았다고 해야 하리라. 아슬란의 등에 탄 두 소녀는 돌로 된 뜰 한가운데에 떨어졌지만 숨만 찼을 뿐 다치지는 않았다. 뜰에는 석상이 가득했다.

"정말 신기한 곳이야!" 루시가 외쳤다. "저 많은 동물이 다 돌이잖아. 사람도 있고! 박물관처럼."

"쉿." 수잔이 말했다. "아슬란이 뭔가 하고 있어."

정말 그랬다. 아슬란은 성큼 달려가 돌사자에게 숨결을 불어넣더니 잠시도 지체하지 않고 마치 제 꼬리를 쫓는 고양이처럼 휙 돌아 돌난쟁이에게도 숨결을 불어넣었다. (알다시피) 난쟁이는 사자를 등진 채 약간 떨어져 있었다. 아슬란은 난쟁이 뒤쪽에 서 있는 커다란 나무요정을 거쳐 재빨리 오른쪽 옆의 돌토끼한테 갔다가 다시 두 돌켄타우로스에게로 서둘러 갔다. 그때 루시가 말했다. "수잔! 저 사자 좀 봐."

화덕에 불을 붙이려고 신문지를 구겨 넣은 뒤 성냥불을 붙이는 광경을 본 적이 있을 것이다. 처음에는 아무 일도 일어나지 않는 것 같지만 점차 한 줄기 가느다란 불꽃이 신문지 끝을 타고 올라간다. 지금이 꼭 그러했다. 돌사자도 아슬란이 숨결을 불어넣은 직후에는 그대로였으나 점차 한 줄기 가느다란 금빛이 흰 대리석 등을 타고 올라가며 퍼져 나갔다. 불꽃이 신문지를 온통 삼키듯 금빛이 사자를 온통 삼키는 것 같았다. 뒷다리는 아직 확연히 돌인데 사자가 갈기를 내두르자 죽어 있던 돌 주름이 일제히 털로 살아나 물결쳤다. 사자는 훈김과 생기를 뿜는 불그레한 입을 크게 벌려 길게 하품했다. 어느새 뒷다리도 살아났다. 뒷다리를 들어 몸을 긁던 사자는 아슬란을 보더니 성큼 곁으로 달려가 겅중거렸다. 기뻐서 낑낑대며 펄쩍 뛰어올라 아슬란의 얼굴을 핥았다.

아이들의 시선은 자연히 사자에게 쏠렸으나 다른 광경이 너무 놀라워 그 사자조차 금방 잊어버렸다. 석상이 온 사방에서 살아났다. 박물관 같던 뜰이 이제 동물원처럼 보였다. 모두 아슬란을 좇아다니며 함께 춤추는 바람에 아슬란은 무리에 묻힐 정도였다. 죽은 듯이 온통 창백했던 뜰이 어느새 총천연색으로 환해졌다. 켄타우로스의 허리에는 밤색 윤기가 흐르고, 유니콘의 뿔은 쪽빛이며, 새의 깃털은 눈부시고, 여우와 개와 사티로스(그리스 신화에 나오는 괴물 — 옮긴이)는 적갈색, 난쟁이의 양말은 노란색이고 모자는 진홍색, 자작나무 소녀는 은색, 너도밤나무 소녀는 투명하고도 산뜻한 초록빛, 낙엽송 소녀는 노랑에 가까운 연두색이었다. 죽은 듯이 적막에 싸여 있던 온 뜰에 사자, 나귀, 여우, 개, 돼지, 새, 말의 행복한 울음소리가 발소리, 함성, 만세 소리, 노래, 웃음소리와 함께 울려 퍼졌다.

"어!" 수잔이 걱정스럽게 말했다. "저기 좀 봐! 거인을 깨워도 안전할까?"

루시가 보니 아슬란이 이제 막 돌거인의 발에 숨결을 불어넣고 있었다.

"괜찮다!" 아슬란이 기뻐 외쳤다. "우선 발이 제대로 돌아오면 온몸은 저절로 따라오게 돼 있거든."

《사자와 마녀와 옷장》, "석상들에게 벌어진 일"

/ 27일 /

빛의 세계로 올라가는 길

히브리서 9:11-15
시편 23:1-6

'랜슬롯'은 기사도와 순례 정신에 대한 내러티브 장편 시다. 루이스가 이 시를 쓴 때는 아직 회심하기 전인 1930년대 초반이었을 것이다. 그러나 여기서도 이야기의 중심을 이루는 것은 믿음이다.

"들어 보시오. 보이지 않는 세계는 둘이오.
이 성(城)의 어두운 지하 감옥이
저 초록빛 산, 황금빛 태양과 먼 만큼이나
그 두 나라도 서로 멀다오.
그중 한 나라는 아는 바 없지만
다른 한 나라는 땅 밑에 있소.

동굴처럼 웅웅거리는 영혼의 지하실을
끊임없이 왕래하는 거대한 혼돈, 쫓겨난 것들,
조상 적부터 울부짖는 어리석은 거인들의 방황,
자만에 빠진 희망, 서서히 여물어 가는 우주에
걸맞지 않게 마구 날뛰는 두려움,
괴물, 유령, 마녀, 온갖 만행. 그대도
행복한 해안에 정박하기보다 그런 맹렬한 갈망에
떠밀려 암초에 부딪치기 쉽소.
소원을 빈다는 것은 위험한 일이라오."
"계속하시지요." 여인이 말했다.
"무엇을 더 말할까?" 주교는 천천히
고개를 돌렸다. "무슨 할 말이 더 있을까 싶소만?"
"밑으로 내려가는 길은 잘 설명하셨는데,
빛의 세계에 대해서는 하실 말씀이 없나요?"

"인류가 여태 들었던 말 외에는 없소."

고개를 돌리고 서성이던 여인은
더는 주교의 말을 기다리지 않았다.
주교는 눈을 내리깔고 두어 번
마른세수를 하더니 마침내

깊은 시름에 잠긴 사람처럼 나직이 말했다.

"아가씨, 고백할 말이 있소. 내가 늙고
피둥피둥한 성직자라는 건 하나님도 아시오.
평생 편하게 살았고, 오래된 포도주를 식별하는 데만
능했지 정작 하나님이 피 흘려 구원하시려는
사람들을 돕는 데는 서툴렀다오.
그게 쌓여서 이제 은혜의 때는 지나고
나는 벌을 받을 때가 되었소.
이제 와서 아쉬워 진실을 아뢰어도
내 대언자께서 내 탄원을 묵살하실 것이오.
그 나라의 무엇 하나라도 제대로 아는 사람이
하나도 없다고 내가 말한다면
그대가 세상에 찌든 불순한 나를 보며
내릴 수 있는 판단이 이밖에 더 있겠소?
내가 영혼의 법칙에 불충하여 둔해졌고
지금 고백하는 엄청난 무지를 자초했다고 말이오.
그러면 내가 이렇게 가르칠 때는 어떻게 믿겠소?
가장 거룩하다는 이들도
누구 못지않게 무지하다고 말이오.
(내 생각에는 그렇소만, 성인이나
신성함에 대해 내가 무엇을 알겠소?)

그래도 나는 그렇게 생각하기에, 부끄럽지만
차마 바보가 될 수 없어 부득이 법정에 선다오.
그러니 내 이야기를 들어 보시오.
이렇게 무지를 고백하는 나는
무지에 관해서라면 박사요,
마땅히 온유한 외경심을 품어야 할 학교에서
겨우 낙제나 면하는 학생이라오.
환등기 스크린에 비치는
새 세상의 하늘땅도
내게는 그저 뭐가 뭔지 모를
수수께끼 같은 그림자일 뿐이라오.
그래도 나는 (이 더러운 입으로
이렇게 말해도 된다면) 믿는다오.
아무도 볼 수 없는 세계에서
오직 말씀이신 그분만이 인간에게 오시되
손발을 가진 육신으로 오셔서
이 땅을 걷다가 죽으시고 부활하셨소.
그분 외에는 이전에도 온 것이 없고
앞으로도 없을 게 분명하오.
그래서 이 죽음의 휘장 외에 다른 곳을
열심히 분석하고 찔러 보는 것보다

순종하는 편이 더 낫다오.
그 휘장 너머에
형체 없는 빛과 타오르는 지복의
감당 못할 심연이 감추어져 있기 때문이오.
그래서 그대가 위로 올라가는 길을 묻는다면
(아마 하나님의 아들도
자주 그리하셨겠듯) 그대가 어려서
어머니에게 배운 교훈을
되풀이하는 수밖에 더 있겠소?
가장 절실히 갈급한 지금도 예외 없이
내가 할 수 있는 조언은 다름 아닌 이것이오.
가서 교리 문답과 사도신경을 배우라는 것,
내 삶은 보지 말고 내 말에만 따르라는 것뿐.
나는 나대로 하나님께 용서를 빌 테니까."

"그 정도는 저도 생각했어요." 여인이 외쳤다.
"피할 수 없는 그 맥없고 멍한 이야기는
갈망을 짓밟을 뿐이에요! 왜 그만두시나요?
마저 설교하시지요, 이제 체념으로 잦아든
평온한 감정을 말해 보세요.
오래 참음과 순종과 구원을 말해 보세요!

그게 다 내게 무슨 의미가 있나요? 내 본향은
어디인가요? 영생을 얻은 이들이 달빛 아래
거룩한 산을 영원히 기쁘게 거니는 곳 아닌가요?
말씀하신 신성함은 하얀 수의 차림에 제단처럼 차갑고
제단 촛불처럼 창백하니 내게 무슨 소용인가요?
내 마음을 잡아끄는 것은 그런 게 아니라
아름다움이 부르는 고적한 곳,
어두운 기억이 영원한 아픔으로 나를 홀리는 곳,
기억, 매정한 이들, 사랑의 샘, 되살아나는 오랜 춤과
멀어진 얼굴들, '이것, 그리고 저것을 보면 무엇이 생각나느냐?'라는
속삭임이에요. 그러니 어떻게 두드리다 말거나
더 찾지 않을 수 있을까요?"

Narrative Poems(내러티브 시집), "랜슬롯"

우리를 부르는 본향

이사야 55:1-7
시편 37:23-26

루이스의 편지에서는 때로 그의 일상적 감정이 날것으로 엿보인다. 이 글은 존스홉킨스병원 외과의사인 워필드 M. 파이러에게 보낸 많은 편지 가운데 하나다.

가을의 그리 유쾌하지 못한 면이 오늘 처음 모습을 드러냈습니다. 지금까지는 낙원 같은 날씨였지요. 서늘하고 투명한 아침, 온화한 햇빛, 울긋불긋한 단풍 숲이 왠지 봄보다 더 설레게 만들었으니까요. 방랑벽과 '거룩한 불만'을 늘 불러일으킨다고 할까요. 오늘은 하늘이 낮게 깔리면서 잔뜩 흐리고 탁하더니 비가 끊임없이 내립니다. 하지만 요 며칠 내 생각을 지배한 주제가 (시간 순서로 보아) 날씨 때문은 아닙니다. 바로 노화에 대한 생각인데요.

당신은 나보다 조금 연배가 높으니, 쉰한 번째 생일을 몇 주 앞둔 사람이 벌써 노화를 생각한다는 말에 웃으실지 모르겠군요. 하지만 웃을 일만도 아니지요. 어차피 언젠가는 느껴질 노화니까요. 물론 한 가지는 (아니, 두 가지로군요) 이미 오래전부터 느꼈습니다. 1) 앞으로는 시간이 없어서 못할 일이 아주 많겠다는 걸 절감한 것입니다. 지금까지는 페르시아어나 지질학처럼 완전히 새로운 분야도 시간만 내면 배울 수 있다고 생각했는데 이제 그런 좋은 시절은 확실히 끝난 거지요. 2) 표현하기가 더 힘든데, 목표가 단순히 목표로 그치지 않고 더 희망찬 앞날을 예고하거나 약속하던 시절도 끝났다는 겁니다. 어여쁜 소녀의 첫 무도회가 소중한 이유는 대개 춤 자체 때문이 아니라 완전히 새로운 세상의 서막이라서 그렇잖습니까. (건초 냄새나 시골길 산책이나 수영 같은) 모든 즐거움을 흠뻑 머금은 미래가 "앞으로 즐거울 일이 더 많아요"라고 말을 걸던 시절이 기억나십니까? 그런데 이제는 어떤 즐거운 일도 "살아온 날보다 살날이 더 적으니 지금 최대한 누리세요"라고 말하거든요.

촉박해진 시간과 가뭇없는 앞날이야 느낀 지 오래입니다만, 근래에 훨씬 더 매섭게 나를 구석으로 몰아넣는, 다가올 한파가 있습니다. 규정상 1959년이면 나도 '은퇴해야' 한다는 게

피부로 느껴지는 겁니다. 어디선가 삶을 새롭게 이어 가야 한다고 생각하면 골치 아파 죽을 지경입니다(그 이상의 표현은 어렵겠네요). 우는소리라고 여기시지는 않겠지요. 우는소리라면 나보다 연배가 높은 당신에게 적잖은 결례가 될 테니까요. 그냥 사실을 말하는 것뿐입니다(물론 친구들이 먼저 떠날 경우도 감안해야 합니다. 특히 나는 연하 친구보다 연상 친구를 더 많이 사귀는 무모한 습관이 있거든요). 게다가 으레 그렇듯이 이 모든 현상의 결과는 (동의하실지 모르겠지만) 거의 전적으로 긍정적입니다.

(다른 조건은 다 동일하다는 전제하에) 노화와 죽음이 우리의 선택에 달려 있다면 어떻게 될지 혹시 생각해 보신 적이 있습니까? 다른 조건은 다 동일하다 했으니, 우리의 본향은 여전히 다른 데 있어 여기에는 영구한 도성이 없고 참된 행복도 없다는 말이지요. 다만 현세를 떠나는 일만 의지적으로 선택하는 겁니다. 순종과 믿음의 행위로 말입니다. 생각건대 죽음을 선택하는 사람의 비율은 현재 이 세상의 트라피스트 수도사 비율과 비슷할 것입니다.

그래서 나는 새삼 실감되는 내 죽음에서 (날씨와 류머티즘의 도움으로!) 유익을 건지려 합니다. 빨판처럼 들러붙은 세상의 촉수를 나에게서 조금씩 떼어 내고 미리 죽음을 시작하는 것이지요. 물론 중요한 것은 시작이 아니라 지속입니다. 하룻밤 잘 자거나 아침 햇살이 청명하거나 다음 책이 잘 써지면, 그런 노력은 분명히 말짱 허사로 돌아갈 테니까요. 사실은 조금씩 깨어나던 상태에서 이전의 멍한 상태로 퇴보하는 것인데, 대다수 사람은 그 상태를 '울적한' 기분이 가시고 건강이 회복되었다고 해석하거든요!

절대로 그렇지 않습니다. 다만 이 깨어남은 **아주** 조금씩입니다. 꼭 우울한 순간이 닥쳐야 삶에 초연해질 수 있는 것은 아니며, 반대로 즐거운 순간에 다시 얽매일 필요도 없습니다. 즐거운 순간을 최대한 누리되 그 순간을 떠나보낼 만반의 준비도 동시에 해야 합니다. 우리를 부르는 본향이 더 좋다는 확신이 있으니까요.

Letters of C. S. Lewis(C. S. 루이스의 편지에서)

1949년 10월 15일

복된 성찬 다음으로 이웃이야말로
당신이 오감으로 접하는 가장 거룩한 대상이다.
그 이웃이 그리스도인이라면
거의 성찬만큼이나 거룩하다.
그 사람 안에도 그리스도께서
참으로 숨어 계시기 때문이다.

C. S. Lewis

Preparing for Easter

다섯째 주

자신을 온전히 내주신 하나님

환난의 유익은
두려움과 연민을 통해 뻗어 나간다。

고난이 유익이 되려면

요한계시록 21:1-8
시편 40:1-5

내가 말하는 죽음의 교리는 비단 기독교만의 교리는 아니다. 온 세상 자연에서 아주 확연히 볼 수 있는 것이다. 해마다 씨앗이 죽어 곡물로 부활하는 드라마가 좋은 예다. 고대 농경 사회는 아마도 자연에서 배웠을 테고, "피 흘림이 없은즉 (죄) 사함이 없느니라"(히 9:22 — 옮긴이)라는 진리를 동물 제사나 심지어 인신 제사로 대대로 표현했다. 처음에는 그 부족의 작물이나 자손에만 해당되었을 수 있으나 이 개념은 점차 신비롭게도 개인의 영적 죽음과 부활로 확대되었다.

대못 침상에 누워 고행하는 인도의 금욕주의자도 똑같은 교훈을 설파하고, 그리스 철학자도 삶의 지혜는 "죽는 연습"에 있다고 말한다. 현대의 세련된 감성적 이교도들은 "죽어서 생명에 이르는" 신들을 상상해 낸다. 올더스 헉슬리도 "집착을 버릴 것"을 상술했다. 그리스도인이 아니어도 이 교리를 피할 수 없다. 이것은 인간이 진리를 추구하거나 인정해 온 곳이라면 어디서나 계시된 '영원한 복음'이며, 시대와 지역을 불문하고 지혜가 분석해서 밝혀내는 구원의 골자다. 모든 사람을 비추는 빛은 우주의 '이치'를 진지하게 묻는 모든 사람의 머릿속에 이 피할 수 없는 지식을 들이민다.

다만 기독교 신앙의 특징은 죽음의 교리를 가르치는 데 있지 않고 그것을 여러모로 더 견딜 만하게 해 준다는 데 있다. 기독교는 죽음이라는 무서운 일이 우리를 위해 이미 이루어졌다고 가르친다. 비유컨대 어려운 글자를 따라 쓰려는 우리 손을 스승의 손이 붙들고 있으며, 우리가 쓰는 글씨는 '필사본'으로 족할 뿐 굳이 '원본'일 필요는 없다. 다른 종교나 철학은 (불교의 탈속처럼) 인간의 본성이 완전히 죽어야 한다고 말하지만, 기독교는 본성의 **비뚤어진 방향**만 바로잡으면 된다고 본다.

플라톤의 가르침과 달리 기독교는 몸 자체와 대립하지 않으며, 인간을 구성하는 정신적 요소와도 대립하지 않는다. 극단적 형태의 희생은 아예 요구하지도 않는다. 순교자가 아니더라도 순교자와 똑같이 구원받고, 누가 보기에도 은혜가 넘치는 어떤 노인은 칠십 평생을 놀랍도록 순탄하게 살아온 듯 보인다. 그리스도의 희생이 그분을 따르는 이들 사이에서 재현되거나 되풀이되는 정도는 가장 잔혹한 순교에서부터 의지의 자발적 순복에 이르기까지 아주 다양하다. 후자의 경우 겉으로 드러나는 모습은 절제와 '상식'이라는 평범한 열매와 전혀 다를 바 없다.

왜 그렇게 다양한지는 모르지만 기독교적 관점에서 보면 이것만은 분명하다. 즉 진짜 문제는 왜 겸손하고 경건한 신자도 고난을 당하느냐가 아니라 왜 어떤 사람은 고난을 당하지 **않느냐는** 것이다. 이 세상에서 운이 좋은 사람들의 구원에 대해 우리 주님께서 친히 하신 말씀을 잊어서는 안 된다. 주님은 사람의 생각으로는 그것을 헤아려 알 수 없지만 오직 하나님이 전능하시기에 가능하다고 설명하셨다.

작가로서 내가 고난을 정당화하면, 논리야 어떻든 간에 독자의 격한 반감을 불러일으킨다. 하지만 고통을 다루는 책을 쓸 때가 아니라 직접 고통을 겪는 내 모습을 알고 싶은가? 알아맞힐 필요도 없다. 고백하건대 나는 지독한 겁쟁이다. 사실 고백이랄 것도 없다. 생각만 해도 고통은 "내 심령을 완전히 장악한다"(셰익스피어의 《햄릿》에서 햄릿이 죽어 가며 한 말 — 옮긴이). 불처럼 나를 집어삼키는 불안, 광야처럼 펼쳐지는 외로움, 지루하고 비참하고 가슴 아픈 일상의 반복, 모든 풍경을 칙칙하게 만드는 무지근한 통증, 한 방에 나를 무너뜨리는 돌연한 욕지기, 이미 참기 힘든데 갑자기 더 악화되는 통증, 괴로움에 거의 죽어 가는 사람을 전갈에 쏘인 듯 발광하게 하는 격통이 모두 그렇다. 피할 수만 있다면 하수구라도 찾아 기어들어 가고 싶다. 이렇게 굳이 내 심정을 말하지 않아도 당신도 이미 안다. 당신의 심정과 똑같으니 말이다. 지금 나는 고통이 고통스럽지 않다고 말하는 것이 아니다. 단어의 뜻 그대로 고통은 아프다. 다만 나는 "고난을 통해 온전해진다"라는 기독교 교리에 신빙성이 있음을 말하려 한다. 고통 자체를 좋게 말할 생각은 추호도 없다.

이 교리의 신빙성을 살펴볼 때 주목해야 할 두 원리가 있다. 우선 이것부터 기억해야 한다. 현 순간의 고통은 환난 전반에서 한가운데에 놓여 있을 뿐이며, 환난의 유익은 두려움과 연민을 통해 뻗어 나간다는 것이다. 두려움과 연민의 모든 순기능은 한가운데에 놓여 있는 고통에 의존한다. 고통 자체에 영적 가치가 없더라도 두려움과 연민에 영적 가치가 있다면, 두려워하고 연민할 대상이 있기 위해서라도 고통이 존재해야 한다는 것이다.

우리가 순종과 사랑으로 되돌아가는 데 두려움과 연민이 유익하다는 사실은 의심의 여지가 없다. 못마땅한 대상을 좀 더 사랑하기 쉽게 도와주는 연민의 효력을 누구나 알 것이다. 즉 상대를 사랑하되 저절로 호감이 가서가 아니라 '형제'라서 사랑하는 것이다. 또 두려움의 유익이라면 우리 대다수가 이번 전쟁을 촉발한 '위기'의 시기에 배웠다.

내 경험을 예로 들자면 이렇다. 나는 타락하고 불경건한 내 평소 상태에 만족하며 인생길을 잘 가고 있다. 내일 있을 친구들과의 즐거운 만남, 오늘 내 허영심을 채워 주는 시시한 일, 휴가, 새로 나온 책 등에 취해 있다. 그때 갑자기 중병일지도 모르는 찌릿한 복통이나 누구라도 파멸시킬 듯한 신문 머리기사 앞에서 삶이 와르르 무너져 내린다. 눈앞이 캄캄해지고 모든 소소한 행복은 망가진 장난감 정도로 보인다.

나는 마지못해 천천히 생각을 추스른다. 마땅히 늘 품었어야 할 생각을 떠올린다. 이 모든 장난감은 본래 내 마음의 주인이 아니고, 내게 참으로 유익한 것은 다른 세상에 있으며, 내 진정한 보물은 오직 그리스도뿐이라고 말이다. 그러다 하나님의 은혜로 행여 잘되면, 하루이틀은 의식적으로 하나님을 의지하며 올바른 출처에서 힘을 얻는 피조물이 된다. 하지만 문제가 걷히는 순간 내 모든 본성은 득달같이 장난감 옆으로 돌아간다. 하나님께 용서를 빌 일이지만, 위기 중에 나를 지켜 주었던 유일한 버팀목을 어떻게든 머릿속에서 떨쳐 내려고까지 한다. 이제는 그것이 지난 며칠간의 불행을 연상시키기 때문이다.

이렇듯 환난의 절대적 필요성은 너무도 분명하다. 내가 하나님께 드려진 기간은 48시간에 불과했고, 그나마 하나님이 다른 것을 다 내게서 거두어 가심으로써만 가능했다. 하나님이 잠시라도 칼을 칼집에 넣으시면, 나는 질색하는 목욕을 마친 강아지마냥 행동한다. 몸을 떨어서 최대한 물기를 털어 낸 다음, 잽싸게 달아나 도로 몸을 더럽히며 즐거워한다. 근처 화단이나 심지어 거름 더미에서도 뒹군다. 그래서 하나님이 보시기에 다 고쳐졌거나 더는 고쳐질 가망이 없을 때까지는, 우리에게 환난이 그쳐서는 안 된다.

《고통의 문제》, "인간의 고통"

하나님을 대면하다

에베소서 4:7-13
시편 19:1-6

《예기치 못한 기쁨》은 루이스의 자서전이다. 이 글과 다음 글은 하나님이 그를 기독교 쪽으로 처음 이끄시던 때를 회고하는 내용이다. 루이스는 1933년 어느 아침 자신의 방에서 회심했는데, 두 친구 J. R. R. 톨킨과 휴고 다이슨이 곁에 있었다.

그즈음 나는 G. K. 체스터턴의《영원한 사람》을 읽었는데, 기독교 관점에서 개괄한 전체 역사가 일리 있게 와닿기는 그때가 처음이었다. 하지만 나는 너무 흔들리지 않으려 애썼다. 앞서 말했듯이 이미 체스터턴은 내게 '그의 기독교만 빼면' 가장 합리적인 생존 인물이었다. 그런데 이제 기독교 자체도 '기독교만 빼면' 매우 합리적이라는 생각이 들었다. 물론 허튼소리일 게 뻔해 입 밖에 내지는 않았지만 내 생각은 분명히 그랬다.

그 기억이 가물가물한 이유는《영원한 사람》을 읽은 지 얼마 안 돼서 내게 훨씬 놀라운 일이 벌어졌기 때문이다. 1926년 초에 내가 알던 모든 무신론자 가운데서 가장 골수분자였던 사람이 내 방 벽난로 맞은편에 앉아서 하는 말이, 복음서의 역사성을 보여 주는 증거는 정말 놀랍도록 탄탄하다는 것이었다. 이어 그는 "희한한 일이지. 신이 인간이 되어 죽었다고 제임스 프레이저가 늘 그러더니만, 희한하게도 그 일이 정말 벌어진 것 같단 말이야"라고 말했다. 평소에는 기독교에 일말의 관심조차 보인 적이 없던 사람이 그렇게 말하자 정말 충격이었다. 완고하기 그지없고 냉소가 극에 달한 그조차도 이렇게 (당시의 내 관점에서) '무사하지' 못하다면, 나는 어찌될 것인가? 피할 길이 없단 말인가?

사실, 하나님이 내게 다가오시기 전에 신기하게도 전적으로 자유로운 선택의 순간이 내게 주어졌다. 어떤 의미에서는 그랬다. 그때 나는 2층 버스 위층에 앉아 헤딩턴 힐로 가던 길이었다. 음성이 들린 것도 아니고 (내 생각에) 심상이 보인 것도 아닌데 나 자신에 대한 한 가지 사실이 불쑥 떠올랐다. 알고 보니 나는 뭔가를 밀어내거나 차단하고 있었다. 빳빳한 코르셋을 입었거나 심지어 바닷가재인 양 갑옷을 두른 기분이었다. 내게 자유로운 선택권이 주어졌음을 그 자리에서 느꼈다. 나는 문을 열 수도, 닫아 둘 수도 있었다. 갑옷을 벗을 수도, 그냥 입고 있을 수도 있었다. 어느 쪽도 의무로 제시되지 않았고, 어느 쪽에도 위협이나 보상이 딸려 있지 않았다. 그래도 문을 열거나 꽉 끼는 옷을 벗는 게 어마어마한 일인 줄은 알았다. 아주 중대한 선택처럼 보였는데 이상하게 아무런 감정도 들지 않았다. 나는 갈망이나 두려움에 이끌린 것이 아니다. 어떤 의미에서는 아무것도 나를 추동하지 않았다.

나는 문을 열고 갑옷을 벗고 고삐를 풀기로 선택했다. 선택했다고는 하지만 선택하지 않기란 정말 불가능해 보였다. 그런데 또 선택의 동기는 전혀 없었다. 내 자유 의지에서 난 행위가 아니었다고 반박할 사람이 있을지 모르지만, 나로서는 내 과거의 어떤 행위보다도 완벽하게 자유로운 행위에 가까워 보였다. 필연은 자유의 반대가 아니며, 어쩌면 인간이 가장 자유로운 때는 동기를 스스로 지어 낼 때가 아니라 "내 행위가 곧 나다"라고 말할 수밖에 없을 때일지도 모른다. 점차 상상의 차원에서 파장이 일었다. 눈사람이던 내가 마침내 녹아내리기 시작한 것 같았다. 등에서부터 눈이 녹아 물이 뚝뚝 떨어지는 그 느낌이 너무나 싫었다.

당시 나는 헤겔의 관념론의 숲에서는 풀려났으나 "세상 근심을 다 짊어진 채로" 지치고 추레한 모습으로 들판을 달리는 여우와 같았다. 그런데 뒤에서 사냥개가 무리 지어 나를 바짝 추격해 왔다. 그 무리는 플라톤, 단테, 조지 맥도널드, 조지 허버트, 오언 바필드, 톨킨, 다이슨 등 (이래저래) 거의 모든 사람이었고, 기쁨도 거기에 끼어 있었다. 모든 사람과 모든 것이 반대편에 합류한 것이다. 지금은 신부가 되었지만 당시 아직 신자가 아니었던 제자 비드 그리피스까지 한몫 거들었다. 한번은 그리피스와 바필드가 내 방에서 점심을 먹고 있을 때 내가 무심코 철학을 과목으로 표현한 적이 있다. 그러자 바필드가 "플라톤에게 철학은 과목이 아니라 도(道)였어"라고 말했다. 조용하지만 뜨거운 그리피스의 동조, 둘 사이에 재빨리 오가던 공감의 눈빛은 내 경솔함을 드러냈다. 생각과 말과 느낌과 상상은 이미 충분했고 이제 행동할 때였다.

물론 예전부터 내 이상주의에도 (이론상으로는) 윤리가 내포되어 있었다. 내 생각에, 유한하고 반쯤은 허구인 자아가 해야 할 일은 영혼의 의식을 키우는 것이었고, 그러려면 세상을 다양한 관점에서 보되 질적으로 늘 영혼의 차원에 머물러야 했다. 특정 시간과 장소와 환경에 매여 있을지라도 거기서나마 영혼으로써 의지와 사고를 구사해야 한다는 것인데, 쉬운 일이 아니었다. 영혼이 자아를 투사하는 데다 세상이 자아에게 들이미는 관심사와 서로 충돌하기 때문이다. 그래서 이기심에 굴하려는 유혹이 있다.

그래도 나는 인간이 각자의 자아의 산물인 감정적 시야를 뛰어넘을 수 있다고 보았다. 공간의 원근으로 인한 착시 현상을 뛰어넘듯이 말이다. 이웃의 행복보다 내 행복을 앞세우는 것은 제일 가까이 놓인 전봇대가 실제로 가장 크다고 생각하는 것과 같다. 보편의 객관적 관점을 되찾아 거기에 맞게 행동하려면, 매일 매시간 우리의 참본성을 기억해야 한다. 영혼으로 다시 올라가든지 다시 돌아가야 한다. 우리가 정말 영혼일진대, 항상 영혼이기 때문이다.

이렇듯 알고는 있었으나 이제는 실행해야 할 때라고 느껴졌다. 마침내 (맥도널드의 표현으로) "더도 말고 덜도 말고 다름 아닌 **행동해야 할 일**"에 직면한 것이다. 나는 덕을 실제로 성취하고자 힘써야 했다. 풋내기 무신론자는 자신의 신념을 잘 지키려면 정말 조심해야 한다. 사방에 위험이 도사리고 있다. "교리를 알" 준비가 되어 있지 않다면 하나님의 뜻을 행해서는 안 된다. 시도조차 금물이다. 나도 그때 내 모든 행위와 갈망과 생각을 보편의 영혼과 합일시켜야 했다. 그래서 난생처음 정말 큰맘 먹고 나 자신을 성찰했는데, 결과를 보자 소름이 끼쳤다. 온갖 정욕과 야심과 두려움과 달콤한 증오가 내 안에 우글거려 마치 아수라장 같았다.

내 이름은 군대였다(막 5:9 — 옮긴이).

물론 내가 '영혼'이라고 칭하는 것에 계속 의식적으로 의지하지 않으면 나는 아무것도 할 수 없었다. 한 시간도 채 버틸 수 없었다. 영혼에 의지하는 것과 보통 사람들이 말하는 "하나님께 드리는 기도"의 미세한 철학적 구분은 실제로 진지하게 이런 일을 실천하는 순간 무너져 내린다.

《예기치 못한 기쁨》, "체크메이트"

겸손하신 하나님의 자비

이사야 55:8-13
시편 19:7-14

이상주의를 말할 수 있고 심지어 느낄 수 있어도 삶으로 옮길 수는 없다. 내 신념을 '영혼'이 모른다거나 수동적으로 대한다는 것은 결국 전혀 말이 안 되는 생각이었다. 설령 내 철학이 옳다 해도 어떻게 주도권이 내 쪽에 있을 수 있겠는가? 지금에서야 비로소 떠오른 비유로 보자면 정반대다. 즉 셰익스피어와 햄릿이 행여 만난다면 주도권은 셰익스피어 쪽에 있을 수밖에 없다. 햄릿은 아무것도 주도할 수 없다. 내가 생각한 절대적 영혼은 종교가 말하는 신과는 여전히 어딘가 달랐을 것이다.

정말 중요한 문제는 아직 나오지 않았다. 정말 두려운 것은 당신이 내가 말하는 '영혼'이나 그런 '신'만이라도 진지하게 믿는다면, 상황이 완전히 달라진다는 것이다. 에스겔이 환상으로 본 죽음의 골짜기에서 마른 뼈가 일어나 서로 맞춰지듯이, 내 머릿속에 품었던 철학 원리도 이제 일어나 수의를 벗었다. 살아나서 우뚝 선 것이다. 철학 놀이는 더 이상 허용되지 않았다. 다시 말하지만 내가 생각한 '영혼'은 '대중 종교의 신'과는 여전히 어딘가 달랐을 수 있다. 내가 대적하던 그분은 말씀을 거두셨고, 내 주장은 한없이 시시해졌다. 그분은 논쟁하지 않으시고 "나는 주님이니라. 나는 나니라. 나는 있느니라"라고만 말씀하셨다.

종교심을 타고난 사람은 이런 계시가 얼마나 무서운지 잘 모른다. 우호적인 불가지론자는 "하나님을 찾는 인간"에 대해 신나게 말하지만, 이는 쥐가 고양이를 찾는다는 말이나 마찬가지다. 나도 그렇게 말하곤 했다. 내 처지를 가장 잘 보여 주는 은유는 바그너의 오페라 "지크프리트" 1막에 나오는 미메와 보탄의 만남이다. 보탄은 이렇게 말한다. "첩자와 염탐꾼은 내게 필요 없다네. 나 홀로 가리니…."

앞서 말했듯이 나는 무엇보다도 '간섭'이 늘 싫었다. '내 자아는 내 것'이기를 바라다 못해 미친 듯이 소원했다. 즐거움을 얻기보다 고난을 피하는 것이 내게는 훨씬 절실했다. 그래서 늘 책임을 줄이려 했다. 초자연 세계도 처음에는 내게 소량의 밀주(密酒)였으나 차차 주정뱅이에게 그리하듯 구토를 일으켰다. 내 철학대로 살려는 근래의 시도조차도 (알고 보니) 은근히 온갖 유보 조항에 감싸여 있었다. 덕이 나의 이상(理想)이었지만, 그것 때문에 내가 참을 수 없는 고통을 감수할 일은 결코 없음을 잘 알았다. '합리적' 선을 그은 것이다.

그런데 이제 이상이 명령으로 바뀌었다. 피할 여지가 있을 것인가? 틀림없이 하나님은 본질상 이성 자체였다. 하지만 내 편의를 봐 주신다는 의미에서 '합리적'이기도 하실까? 그런 확신은 털끝만큼도 없었다. 어둠 속에서 무조건 도약하는 철저한 항복만이 요구될 뿐이다. 흥정의 여지가 없는 실재가 내 앞에 버티고 있었다. 심지어 "전부가 아니라면 아무것도 아닌 거야"라는 요구도 아니었다. 그 단계는 버스 안에서 갑옷을 벗어 눈사람이 녹아내리던 그때 이미 지나간 것 같다. 이제는 '전부'만 요구하고 있었다.

매그덜린의 그 방에 밤마다 홀로 있던 내 모습을 상상해 보라. 그즈음 나는 일을 하다가 단 1초라도 생각이 벗어나면, 예외 없이 그분이 막무가내로 접근해 오시는 듯한 기분을 느꼈다. 내가 그토록 피하려 했던 그분 말이다. 그토록 두려워하던 것이 마침내 나를 덮쳐 왔다. 1929년 여름 학기에 나는 손을 들었다. 하나님이 하나님이심을 인정하고 무릎 꿇어 기도했다. 그날 밤 나는 영국 전체에서 가장 맥 빠지고 마지못해서 회심한 사람이었을 것이다.

겸손하신 하나님은 이런 회심자까지도 받아 주신다는, 지금은 가장 빛나고 확실한 사실을 그때는 몰랐다. 어쨌든 탕자가 제 발로 걸어 집으로 돌아왔다. 하지만 싫다고 발길질하고 몸부림치며 피할 기회를 찾아 사방을 두리번거리는 탕자에게도 사랑으로 문을 활짝 열어 주시는 분, 그분을 제대로 경배할 수 있는 사람이 있을까? "사람을 강권해서 안으로 들인다"라는 표현을 악인들이 하도 오용해서 우리도 기피하지만, 제대로 이해한다면 그 말에는 하나님의 깊은 자비가 담겨 있다. 하나님의 엄하심이 사람의 관대함보다 더 자비롭고, 그분의 강권하심 덕분에 우리는 해방된다.

《예기치 못한 기쁨》, "체크메이트"

/ 31일 /

하나님의 간절한 사랑

유다서 1:20-24
시편 25:8-11

우리가 상대해야 할 사람들의 성격 때문에 우리의 계획이 모두 수포로 돌아가는 것을 볼 때 "어떤 면에서" 하나님의 심정을 엿볼 수 있다고 앞서 말했다. 말 그대로 어떤 면에서만 그렇다. 하나님의 시점(視點)은 두 가지 면에서 우리와는 판이할 수밖에 없다.

첫째로, 우리의 집안 혹은 직장 구성원들이 정도 차이만 있을 뿐 죄다 까다롭거나 상대하기 힘들다는 것쯤은 하나님도 (당신처럼) 알고 계시지만, 하나님은 그 집안이나 공장이나 사무

실에 그와 똑같은 부류의 사람이 한 명 더 있음을 알고 계신다. 당신은 절대 보지 못하는 그 사람은 바로 당신 자신이다. 이 사실을 자각하면 지혜가 한 걸음 도약한다. 당신이나 그들이나 도긴개긴이고 당신의 성격에도 분명 치명적 결점이 있다. 당신의 희망과 계획이 남들의 성격 때문에 무산되었듯 그들의 모든 희망과 계획도 당신의 성격 때문에 번번이 수포로 돌아갔다.

"물론 나한테 결점이 있다는 건 나도 안다." 이런 식으로 두루뭉술하게 인정하고 얼렁뚱땅 넘어가서는 안 된다. 자신에게 정말 치명적 결점이 있음을 진정으로 깨닫는 것이 중요하다. 그 결점이 다른 사람들에게 **절망감**을 안긴다. 정확히 당신이 그들의 결점 때문에 절망하듯 말이다.

그런데 십중팔구 당신만 이 결점을 모른다. 광고에 나오듯, 모든 사람이 알지만 정작 본인만 모른다는 '입 냄새'와 같다. 그러면 왜 사실을 제대로 말해 주지 않느냐고 당신은 반문할지 모른다. 정말이지 그들은 수도 없이 말해 주려 했으나 당신이 통 '받을' 줄을 몰랐다. 당신이 '잔소리'나 '화풀이', '궤변'이라고 몰아세우는 말 가운데 상당 부분은 당신의 실상을 알려 주려는 시도였을 수 있다.

게다가 당신은 자신의 결점을 알더라도 다는 모른다. "어젯밤 내가 화낸 것을 인정한다"라고 말하지만, 다른 사람들은 이런 상황이 늘 있는 일이며 당신이 성미가 고약한 사람임을 안다. 당신은 "지난 토요일에 과음한 것을 인정한다"라고 말하지만, 당신이 거의 매일 그렇게 취해 사는 술꾼임은 누구나 안다. 이렇듯 하나님의 시점은 나와 다를 수밖에 없다. 하나님은 모든 등장인물을 다 보시지만 나는 나를 빼놓고 본다.

이번에는 두 번째 차이점이다. 하나님은 '그 인간들'의 결점에도 불구하고 그들을 사랑하신다. 포기하지 않고 계속 사랑하신다. "그들과 함께 살지 않아도 되는데 그게 뭐 그리 어려운 일인가"라고 말하지 말라. 하나님도 그들과 함께 사신다. 하나님은 그들 밖에만 아니라 그들 안에도 계신다. 우리보다 훨씬 깊고 가깝게, 그리고 쉴 새 없이 그들과 **함께** 계신다. 그들(과 우리)의 머릿속에 든 모든 악한 생각, 매순간의 앙심과 시기, 교만과 탐욕과 허영심 따위가 그분의 진득하고 간절한 사랑을 정면으로 들이받는다. 그래서 하나님은 우리보다 더 슬퍼하신다.

이상의 두 가지 면에서 하나님을 닮아 갈수록 우리는 더 성장한다. 즉 (문제의) '그 인간'을 더 사랑해야 하고, 자신도 그와 다를 바 없는 부류의 사람임을 볼 줄 알아야 한다. 자신의 결점을 늘 생각하는 것은 병적인 습성이라고 말하는 이들도 있다. 그 말이 맞으려면, 우리 대다수가 자신의 결점만 그만 생각할 것이 아니라 남들의 결점에 대한 생각으로 금세 갈아타지도 말아야 한다. 그런데 불행히도 우리는 누군가의 결점을 곱씹기를 **즐긴다.** '병적'이라는 단어의 본뜻 그대로 이것이야말로 세상에서 가장 병적인 쾌락이다.

《피고석의 하나님》, "'그 사람'의 문제"

악인의 영원한 멸망

베드로후서 2:4-22
시편 55:15-19

시종일관 배신과 잔인한 짓을 일삼아 권력이나 부를 거머쥔 사람이 있다고 하자. 그는 수많은 피해자의 선량한 행동을 순전히 이기적인 목적으로 악용했고, 그러는 내내 상대를 순진하다고 비웃었다. 그렇게 쟁취한 성공을 이용해 정욕과 증오심을 충족시켰다. 그러다 결국 암흑가의 마지막 한 조각 의리마저 버리고 공범들을 배신했고, 당혹감과 환멸에 빠진 그들의 최후를 조소했다. (우리가 원하는 결말과 달리) 가책이나 불안감에 괴로워하기는커녕, 오히려 아이처럼 잘 먹고 건강한 아기처럼 잘 자면서 그러했던 것이다. 늘 유쾌하고 혈색도 좋고 천하태평인 그가 끝까지 품고 있는 흔들리지 않는 확신이 있다. 자기만이 삶의 수수께끼를 풀었고, 하나님과 인간은 자기보다 못한 바보이며, 자기가 살아온 길이 완전한 성공과 만족과 난공불락의 길이라는 것이다.

여기서 우리가 조심해야 할 것이 있다. 조금이라도 복수심에 빠진다면 그것은 아주 큰 죄다. 이런 사람이 회심할 수 있도록 우리의 최선을 다하는 것이 기독교의 사랑이다. 우리의 삶과 어쩌면 영혼을 걸고라도 그가 벌을 받기보다 회심하기를 더 바라야 한다. 무한히 더 바라야 한다. 하지만 문제는 그것이 아니다. 그가 끝내 회개하지 **않는다고** 가정하자. 당신이 보기에 영원한 세계에서 그에게 적합한 운명은 무엇이겠는가? 당신이라면 그런 사람이 **지금의 모습 그대로**(자유 의지가 있기에 그렇게 선택할 수 있어야 한다) 영영 행복하기를, 즉 영원히 자신이 승자라고 철석같이 확신하기를 정말 바랄 수 있겠는가?

그런 그를 용납할 수 없다면 혹시 그 이유가 순전히 악의와 앙심 때문은 아닌가? 아니면 때로 한물간 신학으로 보이던 정의와 자비의 충돌이 이제 당신의 마음속에서도 벌어지기 때문인가? 이 충돌은 땅이 아니라 하늘에서 난 것이며, 따라서 이 경우 당신의 동기는 그런 악인이 고통당하기를 바라는 마음이 아니라 참으로 윤리적인 당위다. 언젠가는 의가 이루어져, 지독히 반항하는 그 영혼 안에도 선(善)의 깃발이 꽂혀야 한다는 것이다. 설령 그가 끝내 선에 굴복하지 않더라도 말이다. 끝까지 선해지지 않을지라도, 자신이 실패했고 잘못 살았음을 아는 것이 아무래도 본인에게 더 좋다. 아무리 자비로운 존재라도 이런 사람이 차마 그런 지독한 망상 속에서 영원히 만족스럽게 지내기를 빌어 줄 수는 없다.

아리스토텔레스가 수치심에 대해 했던 말과 비슷하게, 토마스 아퀴나스도 고난이 그 자체로는 좋은 게 아니지만 상황에 따라 선을 이룰 수 있다고 보았다. 어차피 악이 존재할진대 고통은 우리에게 악을 인식하게 해 준다는 점에서 비교적 선하다는 것이다. 그 반대는 영혼이 악에 무지한 상태 또는 악이 인간의 본성에 어긋난다는 사실을 모르는 상태이기 때문이다. 철학자 아퀴나스는 "양쪽 다 **명백히** 나쁘다"라고 말했다. 떨리긴 하지만 누구나 그 말에 동의할 것이다.

그런 사람을 하나님이 지금 그 모습 그대로 용서하셔야 한다는 주장은 묵인과 용서를 혼동한 데서 기인한다. 묵인이란 악을 무시하고 선처럼 취급하는 것이다. 용서는 베풀기만 해서는 안 되고 상대가 받아들여야만 성립된다. 그러니 자신의 죄를 인정하지 않는 사람은 용서를 받아들일 수도 없다.

나는 지옥을 하나님이 내리시는 적극적 응보의 형벌로 보는 관점에서 출발했는데, 그 이유는 가장 강한 반론과 맞붙고 싶었기 때문이다. 그런 관점이 지옥의 교리에 가장 큰 반감을 불러일으킨다. 물론 우리 주님도 심판을 통해 선고되는 지옥을 자주 말씀하셨다. 그러나 그분이 다른 데서 또한 말씀하셨듯이 그 심판은 인간이 빛보다 어둠을 좋아한다는 사실 자체이며(요 3:19 — 옮긴이), 인간을 심판하는 것은 그분이 아니라 그분의 "말씀"이다(요 12:48 — 옮긴이). 그러므로 악인의 영원한 멸망은 그에게 임할 형벌이 아니라 현재 그의 모습 자체라 해도 무방하다. 결국 이 두 개념은 같은 뜻이기 때문이다.

구원받지 못하는 영혼의 특징은 '나 아닌 모든 것을 무조건 거부하는' 데 있다. 그런 사람은 맞닥뜨리는 모든 것을 자기 자아의 속국이나 부속품으로 삼는 이기주의자다. 타인을 존중하는 마음, 즉 선을 누리는 역량은 그에게서 소멸되었다. 아직은 육체가 있어서 최소한이나마 바깥세상을 접촉할 때는 예외지만, 그 마지막 접촉마저 죽음이 앗아 간다. 그러면 그의 소원이 이루어진다. 온전히 자아에 매몰되어 어떻게든 그 상태로 살아가야 하는 것이다. 그 상태가 바로 지옥이다.

《고통의 문제》, "지옥"

/ 33일 /

사랑의 절대 권한

누가복음 9:21-26
시편 86:1-7

이런 유혹이 내게 되풀이해서 끝없이 찾아온다. 바다(내 기억에, 십자가의 성 요한은 하나님을 바다라 칭했다)로 내려가되 뛰어들거나 헤엄치거나 떠 있는 대신에 잠방잠방 물장구나 치고 싶다는 유혹이다. 깊은 데는 조심조심 피하면서 덧없는 삶에 연결된 구명줄만 꼭 붙들려는 것이다.

이는 그리스도인의 삶에 입문할 무렵 닥쳐오던 유혹과는 다르다. 그때는 신의 주권을 인정하지 않으려고 싸웠다(적어도 나는 그랬다). 그렇게 싸우다 만신창이가 되어 항복했고, 이후로는 다 순조로울 줄 알았다. 반면 지금 말하는 유혹은 이미 기본적으로 하나님의 주권을 인정하고 그대로 살려고 노력하는 이들에게 차차 찾아오는 유혹이다. 이제 우리는 어떻게든 간신히 통과만 하면 그만이라는 유혹에 빠진다. 정직하지만 인색한 납세자와 아주 비슷하다. 우리는 소득세를 이론상 인정하고 성실하게 납부한다. 그러나 세액이 늘어나는 게 겁나서 꼭 불가피한 만큼만 내려고 안간힘을 쓴다. 세금을 낸 뒤에도 먹고살 만큼 충분히 돈이 남아 있기를 아주 간절히 바란다.

게다가 자세히 보면 유혹자가 속삭이는 경고는 다 그럴듯하게 들린다. 그가 새빨간 거짓말로 우리를 속이려 하는 때는 (청소년기 이후로는) 많지 않다. 그의 그럴듯한 말은 이런 식이다. "종교적 감정(선조들은 이를 **광신**이라 했다)에 휩쓸려 나중에 후회할 결심을 하거나 그런 태도를 취할 수 있다. 하지만 후회한다 해도 그것은 죄가 아니고 우리가 세속적으로 변했다는 뜻도 아니며, 다만 이성적으로 더 현명해진 것뿐이다. 강박이나 맹신에 빠질 수도 있다. 겉보기에는 열정 같아도, 사실은 하나님이 명하신 적도 없는 일을 자청하는 월권일 수 있다." 여기까지는 어느 정도 참이다.

그러나 우리의 지갑, 버릇처럼 행하는 방종, 야망 등을 신중히 사수하는 것이 최선의 방벽이라는 유혹자의 암시는 말짱 거짓말이요 헛소리다. 진정한 방벽은 다른 데서 찾아야 한다.

기독교의 일반 전통, 도덕 신학, 일관된 이성적 사고, 좋은 친구와 좋은 책이 들려주는 조언, (필요하다면) 지혜로운 영성 스승에게서 찾아야 한다. 해안가에 묶인 구명줄에 의지하기보다 수영을 배우는 것이 훨씬 낫다.

살려고 붙드는 그 구명줄이 오히려 우리를 죽음으로 내몬다. 세금을 내고 나머지로 먹고산다는 비유는 성립되지 않는다. 하나님이 요구하시는 것은 우리의 시간과 관심의 일정 비율이나 심지어 전부도 아니고, 우리 자체이기 때문이다. "그는 흥하여야 하겠고 나는 쇠하여야 하리라"라는 세례 요한의 말은 우리 모두에게 해당된다. 하나님은 거듭되는 실패에는 무한히 자비로우시지만 고의적 타협을 용납하기로 약속하신 적은 없다. 하나님이 우리에게 주실 것도 결국은 다름 아닌 그분 자신이기 때문이다. 하나님이 자신을 우리에게 주실 수 있으려면 우리는 아집을 버리고 우리 영혼을 그분께 드려야 한다.

그렇게 결단하자. 먹고살기 위해 남겨 두는 '우리 몫'이란 없으며 '평범한' 삶도 없다. 그렇다고 모두가 꼭 순교자나 고행자로 부름받는다는 말은 아니다. 그런 사람도 물론 있겠지만, 일부 그리스도인(누가 될지는 아무도 모른다)은 사람들이 좋아하는 분야의 직업을 갖고 많은 여가를 누리며 산다. 다만 이 또한 하나님의 손에 있다. 온전한 그리스도인에게는 그런 부분까지도 가장 힘든 의무만큼이나 손색없는 '신앙'과 '섬김'이며, 잔치 역시 금식만큼이나 기독교적이다. 하지만 '우리 몫'이 따로 있다는 개념만은 거부해야 한다. 하나님의 권한이 미치지 않는 '치외법권'이 존재한다는 생각은 좀처럼 쓰러지지 않는 강적이지만, 그래도 날마다 물리쳐 쫓아내야 한다.

하나님은 사랑이시며 복을 주셔야만 하기에 권한도 절대적이다. 하나님이 복을 주시려면 우리가 하나님의 소유가 되어야만 한다. 우리의 영역을 남겨 두려 든다면 이는 곧 사망의 영역을 두려는 것이다. 그래서 하나님은 사랑으로 절대 권한을 행사하신다. 하나님께는 협상이 통하지 않는다.

《영광의 무게》, "실언"

옳고 그름을 알고도

로마서 3:19-26
시편 106:6-15

전쟁터에서 도망가는 군인을 칭송하는 나라, 자신에게 잘해 준 사람들을 모조리 배반하는 것이 자랑거리가 되는 나라를 상상해 보라.

차라리 2+2=5인 나라를 상상하는 편이 나을 것이다. 누구를 이타적으로 대해야 할지는 사람마다 견해가 다르다. 자기 가족일 수도 있고, 같은 민족일 수도 있고, 모든 사람일 수도 있다. 그러나 자신을 앞세워서는 안 된다는 데는 늘 견해가 일치했다. 자고로 이기심이 칭송받은 적은 없다. 아내를 하나만

두어야 할지 넷까지 얻어도 괜찮을지는 이견이 있었다. 그러나 마음에 드는 여자라고 함부로 취해서는 안 된다는 데는 늘 견해가 일치했다.

그런데 여기 지극히 놀라운 사실이 있다. 진정한 옳고 그름을 믿지 않는다는 사람 치고 잠시 후 그 말을 번복하지 않을 사람은 없다. 사람들은 자기가 약속을 어기는 건 괜찮다고 생각하면서 상대방이 약속을 어기려 하면 즉시 "불공평하다"고 불평한다. 조약 따위는 중요하지 않다고 말하는 나라가 있다 하자. 그런 나라가 특정 조약이 불공정하다는 이유로 조약을 위반하고 싶어 한다면 이율배반이다. 조약이 중요하지 않고 옳고 그름이라는 게 없다면, 다시 말해서 자연법이 존재하지 않는다면, 조약이 공정하든 불공정하든 다를 것이 뭐란 말인가? 말이야 어떻든, 사실은 누구 못지않게 자연법을 이미 안다고 무심코 실토한 셈 아닌가?

이렇듯 인간은 진정한 옳고 그름을 믿을 수밖에 없는 것 같다. 수학 문제를 잘못 풀듯이 옳고 그름의 판단도 때로 잘못될 수 있다. 그러나 구구단이 그러하듯 옳고 그름도 취향과 견해의 문제가 아니다. 여기까지 이의가 없다는 전제하에 다음 요점으로 넘어가겠다. 즉 우리 가운데 자연법을 실제로 지키는 사람은 아무도 없다는 것이다. 혹시 예외인 독자가 있다면 사과드린다. 그런 사람들은 다른 책을 읽는 게 훨씬 낫다. 내가 하려는 말은 그들과 전혀 무관하고, 그 외의 보통 사람에게만 해당되기 때문이다.

내 말을 오해하지 않았으면 좋겠다. 나는 설교하려는 것이 아니며, 남보다 나은 척하는 것은 더더욱 아니다. 다음 사실에 주의를 환기하려는 것뿐이다. 즉 올해나 이달, 또는 오늘 다른 사람들에게 기대하는 행동을 우리 자신도 실천하지 못했다는 것 말이다. 변명은 얼마든지 할 수 있다. 그때 자녀를 함부로 대한 까닭은 당신이 너무 피곤해서였다. 잘 기억나지도 않지만 약간 부당했던 그 돈거래는 당신이 무척 쪼들리던 때의 일이다. 아무개에게 당신이 지키지 못한 약속이 있는데, 그렇게 눈코 뜰 새 없이 바쁠 줄 알았더라면 애초에 약속을 하지 않았을 것이다. 배우자나 형제자매에게 보인 당신의 행동도 그들 쪽에서 짜증을 돋운 것을 생각하면 내가 놀랄 일은 아니다. 내가 누구라고 놀라겠는가? 나도 다를 바 없으니 말이다.

나 역시 자연법을 잘 지키지 못한다. 그런데 행여 누가 그 사실을 지적하기라도 하면 당장 머릿속에 줄줄이 변명거리가 떠오른다. 정당한 변명인지 아닌지는 중요하지 않다. 중요한 것은 우리가 좋든 싫든 자연법을 철석같이 믿는다는 또 하나의 증거가 바로 변명이라는 것이다. 바른 행실을 믿지 않고서야 왜 자신의 바르지 못한 행실을 부득부득 변명하겠는가? 사실 우리가 결례를 범하고도 이를 선뜻 인정하지 않고 책임을 떠넘기려 드는 이유는 그만큼 예의를 중시하기 때문이다. 그만큼 자연법에 지배당한다는 뜻이다. 잘 보면 우리는 나쁜 행동에 대해서만 구구절절 설명을 덧붙인다. 못된 성질은 피곤이나 마음고생이나 허기 탓으로 돌리고 좋은 성품은 자신의 공으로 돌린다.

그래서 내가 하려는 말은 두 가지다. 첫째로, 이 세상 모든 사람은 특정 방식으로 행동해야 한다는 별난 생각을 하고, 그 생각을 절대 떨치지 못한다. 둘째로, 그런데도 실제로는 그렇게 행동하지 않는다. 자연법을 알면서도 어긴다. 이 두 가지 사실이야말로 우리 자신에 대한 그리고 우리가 살아가는 우주에 대한 모든 명쾌한 사고의 기초다.

《순전한 기독교》, "인간 본성의 법칙"

C. S. Lewis

Preparing for Easter

여섯째 주

세상을 이기신 예수 그리스도

인간이라면 피할 수 없는 현실이지。
불잡는 동아줄마다 끊어지고、
다가서기만 하면 문이 쾅 닫히네。

하나님께 복종하려는 의지

누가복음 19:26-46
시편 24:1-10

기독교는 환난에 대해 역설적이다. 가난한 자가 복이 있지만 우리는 사회 정의와 구제를 통해 최대한 가난을 퇴치해야 한다. 박해받는 자가 복이 있지만 박해를 피해 다른 지역으로 이동할 수 있고, 겟세마네에서 기도하신 우리 주님처럼 박해를 면하게 해 달라고 기도할 수도 있다. 하지만 고난이 유익하다면 피하기보다 도리어 자원하여 당해야 하지 않을까? 이에 대해 나는 "고난 자체는 유익하지 않다"라고 답하겠다. 고통스러운 경험이 주는 유익이 있다면, 고난당하는 사람은 하나님의 뜻에 복종하게 되고, 이를 지켜보는 사람들은 긍휼이 샘솟아 자비로운 행위를 하게 된다는 것이다.

세상이 타락하여 아직 온전히 구속(救贖)되기 전인 만큼 다음과 같이 구분하면 좋다. 1) 하나님이 내려 주시는 단순한 선(善)이 있고 2) 반항하는 피조물에게서 나오는 단순한 악(惡)이 있다. 3) 하나님은 그 악까지도 선용하여 뜻하신 구속을 이루시며, 그래서 4) 고난을 받아들이고 죄를 회개하면 복잡한 선이 이루어진다. 하나님이 단순한 악으로 복잡한 선을 능히 이루신다 해서 (악을 행하는 사람이 자비로 구원받을 수는 있을지언정) 결코 악한 행동이 정당화되지는 않는다. 이 구분이 핵심이다. 실족이 없을 수는 없으나 실족하게 만드는 자에게는 화가 있고, 죄가 은혜를 **더하지만** 이를 핑계로 계속 죄를 지어서는 안 된다. 그리스도의 십자가 죽음은 인류 역사상 최악의 사건이자 최선의 사건이지만, 그래도 유다가 맡은 역할은 악했을 뿐이다.

이 원리를 우선 타인의 고난에 적용해 보자. 자비로운 사람은 이웃이 잘되기를 바라기에 의식적으로 '단순한 선'에 협력해 '하나님의 뜻'을 행한다. 반대로 잔인한 사람은 이웃을 압제해 단순한 악을 행하지만, 본인이 알지 못하고 동의하지 않아도 그 악조차 하나님의 손에 쓰여 선을 이룬다. 전자는 아들로서 하나님을 섬기지만, 후자는 도구로 쓰이는 것이다. 어떻게 행동하든 하나님의 뜻을 이루겠지만 요한처럼 섬길 수도 있고 유다처럼 쓰일 수도 있다.

요약하자면 세상이 돌아가는 이치에 선인과 악인의 충돌도 내포되어 있다. 잔인한 사람의 잔인한 행위가 허용되는 결과로 용기와 인내와 긍휼과 용서라는 선한 열매가 맺힌다. 그런데 이는 선인이 평소에 단순한 선을 추구한다는 사실을 전제로 한다. '평소에'라 함은 인간에게 동료 인간을 아프게 할(내 생각에는, 심지어 죽이기조차 할) 권한이 주어질 때도 있기 때문이다. 다만 그 필요성이 절박하고 결과가 명백히 선할 때에 한하며, 고통을 가하는 사람 쪽에 (항상은 아니어도) 확실한 권위가 있어야 한다. 예를 들어 부모의 권위는 인륜에서 비롯되고, 판사나 군인의 권위는 시민 사회의 산물이며, 의사의 권위는 다분히 환자에게서 기인한다. 이를 (크리스토퍼 말로의 극중 인물로서 스스로 "하나님의 채찍"이라 뽐낸 미치광이 탬벌레인 대왕처럼) "고난이 유익하니" 다른 인간을 괴롭혀도 된다는 전권으로 둔갑시킨다면, 하나님의 계획을 무산시키기보다는 그 계획 속에서 사탄의 역할을 자진하여 떠맡는 셈이다. 사탄의 일을 하려면 사탄이 받을 품삯을 예상해야 한다.

자신의 고통을 피하는 문제도 답은 비슷하다. 일부 금욕주의자가 실천해 온 고행이 있다. 이런 극한 훈련이 현명한지는 평신도인 내가 왈가왈부할 일이 아니다. 다만 고행의 이점이 무엇이든 간에 하나님이 보내시는 환난과 사뭇 다른 것만은 분명하다. 누구나 알다시피 금식은 어쩌다 밥을 굶거나 가난해서 끼니를 거르는 것과는 다르다. 금식은 의지로 식욕에 맞선다. 그래서 극기라는 보상이 따르지만 교만해질 위험도 있다. 반면 부득이한 굶주림은 식욕만 아니라 의지까지도 하나님의 뜻에 종속시킨다. 그래서 복종의 계기가 되지만 반항할 위험도 따른다. 다행히 고난의 구속 효과는 주로 반항 의지를 누그러뜨림으로 나타난다. 본래 고행을 실천하면 의지가 강해지지만, 고행이 유익하려면 (치열한) 의지를 단속할 수 있어야 한다. 그렇게 준비해야 전 존재를 하나님께 드릴 수 있다.

고행은 수단으로만 필요할 뿐 목적으로 삼기에는 가증스럽다. 욕구를 의지로 대체한 뒤 거기서 멈추면, 동물적 자아가 악마적 자아로 바뀔 뿐이기 때문이다. 그러니 "금욕도 하나님만이 하실 수 있다"라는 말은 진리다. 환난이 효과를 제대로 발휘하려면 평소에 합법적 방법으로 힘써 본능적 악을 삼가고 본능적 선을 추구했어야 한다. 환난은 그런 세상을 전제로 한다. 의지를 하나님께 복종시키려면 의지가 있어야 하고, 더불어 그 의지가 작용할 대상들이 있어야 한다.

기독교에서 말하는 내려놓음이란 금욕적 '초탈'이 아니라, 합법적이지만 하나님보다는 못한 다른 목적들 대신 기꺼이 하나님을 앞세우는 자세다. 그래서 온전한 인간이신 그리스도도 의지를 품고 겟세마네로 가셨다. 아버지의 뜻에 부합한다면 고난과 죽음을 면하고 싶은 강한 의지가 있었다. 물론 그 의지가 아버지의 뜻에 어긋난다면 철저히 순종하실 각오도 되어 있었다. 일부 지도자는 우리에게 그리스도의 제자가 되는 순간 "완전히 내려놓을" 것을 권한다. 내 생각에 이는 철저히 준비된 상태를 뜻한다. 언제든 하나님이 명하실 때 구체적으로 뭔가를 내려놓으면 되지, 매 순간 막연히 그분께 복종할 생각만 하면서 살아갈 수는 없기 때문이다. 무슨 일로 복종해야 할지는 매번 달라질 수 있다.

"내 뜻을 하나님의 뜻에 복종시키는 것이 내 뜻이다"라는 말은 모순처럼 들리는데, 문장 맨 앞에 나오는 "내 뜻"에는 아무런 내용이 없기 때문이다. 물론 우리는 다 고통을 피하려고 지나치게 애쓴다. 그러나 고통을 면하려는 의지도 합법적 범위에서 잘 다스려진다면 '이치'에 어긋나지 않는다. 즉 그런 의지는 피조물의 삶이 돌아가는 전체 체계에 부합하며, 구속을 이루는 환난의 효과도 이에 맞추어 설계되어 있다.

그러므로 기독교적 관점의 고난이 한시적 의미에서라도 세상을 '더 낫게' 가꾸어야 할 우리의 본분과 양립할 수 없다는 생각은 큰 오산이다. 우리의 본분은 아무리 강조해도 지나치지 않다. 우리 주님이 심판에 관해 비유를 들어 하신 말씀들을 종합해 보면, 주님은 모든 덕을 적극적인 선행으로 귀결시키시는 것 같다. 물론 전체 복음에서 이 면만 갈라내면 잘못된 길로 이끌 소지가 있지만, 기독교 사회 윤리의 기본 원칙을 의문의 여지 없이 천명하기에는 충분하다.

《고통의 문제》, "인간의 고통 II"

/ 35일 /

하나님께 갈급한 마음

누가복음 19:45-48
시편 25:8-22

여호와를 "보았으니" 혹은 간절히 "뵈려고" 한다는 시편 기자들의 말은 대부분 성전에서 그들에게 어떤 일이 벌어졌다는 뜻이다. 이를 두고 "그들이 절기 행사를 보았다는 뜻일 뿐이다"라고 말한다면 큰 오산이다. 그보다는 "우리가 거기 있었다면 우리에게는 절기 행사만 보였을 것이다"라고 말하는 쪽이 맞다. "하나님이여 그들이 주께서 행차하심을 보았으니 곧 … 성소로 행차하시는 것이라 소고 치는 처녀들 중에서 노래 부르는 자들은 앞서고 악기를 연주하는 자들은 뒤따르나이다"(시 68:24-

25)라는 시편 기자의 표현은 마치 "보라, 그분이 여기 오신다"와 같다.

내가 거기 있었다면 내게도 악기 연주자들과 탬버린을 든 처녀들이 보였을 것이다. 게다가 이와는 별개로 그때 내게 하나님의 임재는 (우리네 표현으로) '느껴질' 수도, 그렇지 않을 수도 있다. 고대의 예배자는 이러한 이원론을 몰랐다. 반면에 현대인이 "내 평생에 여호와의 집에 살면서 여호와의 아름다움을 바라보"기를 소원한다면(시 27:4), 이는 영적 환상을 자주 보며 하나님을 향한 사랑을 '느끼고' 싶다는 뜻일 것이다. 물론 성례의 매개와 예배의 도움을 떠나지는 않지만, 성례와 예배의 필연적 결과가 아니라 그와 별개로서 말이다. 하지만 이 시를 쓴 기자는 여호와의 아름다움을 바라보는 것과 예배 행위 자체를 구분하지 않은 것 같다.

대상을 추상화하고 분석하는 사고력이 자랄수록 그렇게 둘을 연결해서 보던 기존의 시각은 깨지게 마련이다. 종교 의식(儀式)을 하나님 자신과 분리하는 게 가능해지면, 그때부터 의식이 그분의 대용품으로 변질되어 그분의 자리를 넘볼 수 있다. 일단 그런 분리가 가능해지면 둘을 따로 생각하게 마련이며, 의식은 독자적 암 덩어리로 자라나 반항한다.

크리스마스나 부활절의 종교적 성격을 절기 자체와 구분하지 못하던 어린 시절이 있다. 아주 독실한 꼬마가 "부활절 달걀과 예수님의 부활"로 시작되는 자작시를 부활절 아침에 중얼거렸다고 한다. 그 나이로서는 훌륭한 시이자 좋은 신앙이다. 그러나 물론 그 둘을 연결해서 보는 시각을 자연스럽게 누릴 수 없는 때가 곧 온다. 부활절의 영적 의미가 절기 의식 자체와 구별되기 때문이다. 더 이상 부활절 달걀은 성찬이 아니다. 둘 중 하나에 더 비중을 둘 수밖에 없다. 영적 의미를 앞세우면 달걀에서 여전히 부활절을 꽤 맛볼 수 있지만, 달걀을 앞세우면 금세 다른 사탕과 별반 다를 바가 없어진다. 떨어져 나온 달걀은 곧 생명을 잃는다.

유대교의 특정 시기 혹은 일부 유대인의 경험에서도 비슷한 상황이 발생했다. 예배와 하나님의 임재를 연결해서 보던 기존 시각이 깨지면서 제사 의식은 하나님을 만나는 일과 별개가 되었다. 안타깝게도 그렇다고 의식이 사라지거나 덜 중요해지지는 않았다. 오히려 각종 악한 형태로 전보다 더 중요해졌다. 의식은 '탐욕스러운 하나님과의' 상거래로서 중시되었다. 왠지 하나님께 다량의 짐승 사체가 정말 필요하고, 다른 방식으로는 그분의 은총을 얻어 낼 수 없으며, 심지어 그분이 바라시는 것은 다만 의식뿐이라고 생각한 것이다. 의식만 엄수하면 하나님이 명하신 긍휼과 정의와 진실을 행하지 않고도 그분을 만족시킬 수 있다는 식이었다.

제사장들에게는 이 제도가 자신의 직무이자 생계 수단이

었으므로 무조건 중요했다. 그들의 온갖 학자 행세와 자존심과 경제적 지위가 다 그 제도에서 비롯되었다. 그래서 그들은 직무를 점점 정교하게 다듬었다. 물론 그들의 잘못된 제사 개념을 바로잡는 방책도 유대교 자체에 마련되어 있었다. 지속적으로 가해지는 선지자들의 질책이 그것이다. 다분히 성전의 산물이지만 시편도 그 역할을 했다. 예컨대 시편 50편에서 하나님은 모든 성전 예배는 그 자체로 본질이 아니라고 자기 백성에게 말씀하시고, 특히 하나님이 고기구이를 정말 드셔야 한다는 지독한 이교 개념을 비웃으신다. "내가 가령 주려도 네게 이르지 아니할 것은…"(시 50:12). 간혹 하나님이 현대의 여느 사역자에게도 비슷하게 말씀하실지 모른다는 생각이 든다. "내가 가령 음악을 원해도(서구 예배 역사의 난해한 세부 사항을 심층 연구한다 해도) 그 자료를 **네게** 의지하지 아니할 것은…."

제사가 변질될 가능성과 그 질책은 이미 잘 알려져 있으니 새삼 강조할 필요는 없다. 내가 강조하고 싶은 것은 우리에게(적어도 내게) 더 필요한 부분인데, 바로 하나님을 즐거워하는 마음이다. 성전과의 연관성이 느슨하든 밀접하든 시편 어디서나 하나님을 즐거워하는 마음을 접할 수 있다. 이것이야말로 유대교의 진짜 구심점이었다. 시편 기자들은 하나님을 사랑할 이유가 우리보다 훨씬 적었다. 그들은 하나님이 영원한 기쁨을 베푸신 것도 몰랐고, 그 기쁨을 확보해 주시고자 친히 죽으실 것은 더더욱 몰랐다. 그런데도 하나님께 갈급했고, 최고의 그리스도인에게만 혹은 그리스도인 최고의 순간에만 가능한 하나님의 순전한 임재를 사모했다. 평생 성전에 살며 "여호와의 아름다움"을 늘 바라보는 것이 그들의 소원이었다(시 27:4). 예루살렘에 올라가 "하나님의 얼굴을 뵈"려는 그들의 동경심은 우리가 신체적으로 느끼는 갈증과도 같았고(시 42:1-2), 하나님의 임재는 예루살렘에서 "온전히 아름"답게 빛을 발했다(시 50:2). 하나님을 만나지 못하면 영혼이 물 없는 땅처럼 메말랐기에(시 63:1) 그들은 "주의 성전의 아름다움으로 만족하"기를 열망했다(시 65:4). 거기서만 둥지의 새처럼 안식할 수 있었기에(시 84:3) 다른 데서 평생을 사느니 거기서 지내는 하루가 "좋사오니"라고 고백했다(시 84:10).

딱딱한 표현일지 모르지만 나는 이를 하나님을 향한 '사랑'보다는 '갈구'로 표현하고 싶다. 하나님을 향한 사랑이라 표현하면 '영적'이라는 단어에 들러붙은 모든 부정적 혹은 제한적 의미가 너무 쉽게 연상된다. 시편 기자들의 생각에 이런 갈구는 자신의 잘남이나 경건함에서 생겨난 것도 아니었고, 반대로 특권과 은혜를 받아서도 아니었다. 이 점에서 그들은 우리 가운데 최악인 사람보다 덜 교만했고 최고인 사람보다 덜 겸손했다. 덜 놀랐다고 표현해도 좋다. 본능적이다 못해 신체적인 갈망이 저절로 즐거이 솟아났을 뿐이다.

이 갈구는 즐겁고 유쾌했다. 그래서 그들은 기뻐하고 즐거워했다(시 9:2). 수금을 켜고 싶어 손가락이 근질거려서(시 43:4) 비파와 수금을 깨웠다!(시 57:8) 시를 읊고 탬버린을 치고 "아름다운 수금에 비파를 아우"르면서 기쁘게 노래하고 즐거이 소리쳤다(시 81:1-2). 음악만으로는 부족해서 요란하게 외쳤다는 말이다. 그들은 또 함께 손뼉을 치자며 모든 이방인을 불렀다(시 47:1). 제금을 잘 맞추어 치되 **요란하게** 울리고 춤추며 덩실거렸고(시 150:4-5), 먼 곳의 수많은 섬까지도 이 환희에 동참시켰다(시 97:1, 유대인은 해양 민족이 아니었으므로 섬은 다 멀리 있었다).

이 열기(소란함이라 해도 좋다)를 되살릴 수 있다거나 되살려야 한다는 말이 아니다. 우선 일부는 죽지 않고 지금껏 우리에게 남아 있으므로 굳이 되살릴 필요도 없다. 그 모범 사례로 성공회를 떠올린다면 오산이다. 이 요소는 성공회보다 천주교와 정교회와 구세군에 더 많이 남아 있는 것 같다. 성공회는 이런 안목을 기르는 데 아주 무심하다. 그래도 우리는 여전히 기뻐할 수 있다.

또 다른 이유는 훨씬 깊다. "그들의 생명을 속량하는 값"(시 49:8)을 유대교인은 몰랐지만 그리스도인은 누구나 안다. 그리스도인의 삶은 죽음에 동참하는 세례로 시작되며, 가장 즐거운 절기들도 그 시작과 중심이 상한 몸과 흘린 피에 있다. 그래서 우리의 예배에는 유대교에 없던 깊은 슬픔이 배어 있다. 우리의 기쁨은 이 슬픔과 공존할 수 있어야 한다. 그들의 노래가 주선율뿐이라면 우리는 영적 대위법(복수의 독립된 선율로 조화를 이루는 작곡법 ― 옮긴이)을 쓴다. 그럼에도 시편의 가장 유쾌한 시들에 빚진 즐거움은 조금도 영향력을 잃지 않는다.

나만 하더라도 시편에 빚을 졌다. 물론 시편에는 우리가 종교로 간주하기 힘든 요소가 존재하는 반면, 종교에 꼭 필요하다고 여겨질 법한 요소는 빠져 있다. 그럼에도 시편에서 접하는 경험은 온전히 하나님 중심이고, 거기에는 하나님의 임재보다 더 간절히 구하는 선물이 없으며, 기쁨의 극치에 이르면서도 명백히 사실적이다. 이 옛 시인들의 (이를테면) 표정에서 나는 그들과 우리가 경배하는 하나님에 대해 더욱 많이 배운다.

《시편 사색》, "여호와의 아름다움"

기적이 보여 주는 미래

마태복음 21:16-22
시편 105:23-45

무화과나무가 시든 사건은 그리스도께서 기적으로 무언가를 멸하신 유일한 경우다. 이 기적에 난감해하는 이들이 있으나 그 의미는 명백해 보인다. 행동하는 비유라 할 수 있을 이 기적은 하나님이 모든 "열매 없는" 것과 특히 당시의 공식 유대교를 반드시 심판하심을 상징한다. 그것이 이 사건에 담긴 도덕적 의미다. 기적이란 하나님이 평소에 자연에서 두루 하시는 일이 우리 곁에 작고 또렷하게 재현되는 것인데, 이번에도 예외는 아니었다. 앞서 보았듯이 … 인류의 타락 이후로 하나님은 사탄의 손에 들린 무기를 빼앗아 인간의 죽음까지도 주관하신다. 이보다 훨씬 더 중요한 것은 세상을 창조하신 이후로 모든 유기체의 죽음도 주관하신다는 것이다.

의미는 약간 다르지만 두 경우에서 그분은 죽음의 하나님이다. 왜냐하면 생명의 하나님이기 때문이다. 하나님이 인간의 죽음을 주관하심은 이제 인간이 죽음을 통해서만 풍성한 삶을 얻기 때문이고, 모든 유기체의 죽음을 주관하심은 유기체가 죽어야 오랫동안 번식하기 때문이다. 천 년 묵은 숲이 여전히 살아 있는 까닭은 어떤 나무는 죽고 어떤 나무는 성장하기 때문이다. 인간 예수님이 특정한 무화과나무에 거부의 눈길을 보내신 한 번의 행위는 그분이 성육신하시기 전부터 모든 나무에 늘 하시던 일이다. 그해에 팔레스타인에서 죽은 모든 나무는 하나님이 생명을 거두신 것이며, 다른 해에 다른 데서 죽은 나무도 다 마찬가지다. 지금까지 살펴본 모든 기적은 옛 창조의 기적이다. 모두 자연을 주관하시는 하나님이 대규모로 해 오신 일을 인간으로 오셔서 우리를 위해 소규모로 행하신 것이다.

다음으로 살펴볼 범주는 무생물계를 주관하시는 기적인데, 여기에는 옛 창조의 기적도 있고 새 창조의 기적도 있다. 우선 그리스도께서 풍랑을 잠재운 기적은 하나님이 자주 행하신 일이다. 본래 하나님이 창조하신 자연에는 풍랑도 있고 바람이 없는 상태도 있으며, 그렇게 그분은 (지금 이 순간 진행 중인 풍랑을 제외하고는) 모든 풍랑을 잠재우셨다. 성육신의 기적을 받아들인 사람이 풍랑을 잠재우신 기적을 부정한다면 이는 논리에 어긋난다. 이 하나의 기적을 온 세상의 기상 상태에 적용하는 것은 전혀 어렵지 않다. 나도 방에서 창문만 닫으면 풍랑을 잠재울 수 있다. 자연은 이것을 최대한 활용해야 하며, 실제로 거뜬히 해내고 있다. (기적이 자연의 이치를 교란한다며 불안해하는 이들도 있지만) 자연은 교란되기는커녕 새로운 상황을 식은 죽 먹기로 소화한다. 앞서 말했듯이 자연은 유능한 청지기다.

반면 그리스도께서 물 위를 걸으신 일은 새 창조의 기적이다. 하나님이 본래 창조하신 자연, 즉 성육신 이전의 세계에서는 물이 사람의 몸을 떠받치지 않는다. 이 기적은 앞날의 자연을 예고한다. 새 창조가 도래하기 시작했다. 한순간 그 새 창조가 퍼져 나가는 듯싶더니, 어느새 두 사람이 새로운 세계에 살고 있었다. 사도 베드로도 물 위를 걸었다. 그러나 한두 걸음 떼다가 믿음이 떨어져 물에 빠졌다. 본래의 자연으로 돌아간 것이다. 이 기적은 눈 속에 피는 꽃처럼 우리의 미래를 설핏 보여 준다. 그 꽃은 겨울이 한풀 꺾였다는 증거다. 여름이 오고 있다. 하지만 아직은 갈 길이 먼 데다 눈 속에서 피는 꽃은 금방 진다.

《기적》, "옛 창조의 기적"

기독교를 무너뜨릴 수법

누가복음 22:1-8
시편 141:1-10

《스크루테이프의 편지》는 선배 악마가 후배에게 보낸 편지다. 전통적으로 오늘은 유다의 배신을 기억하는 날이므로 마귀의 관점을 담은 글이 적절해 보인다.

사랑하는 조카 웜우드에게.

이 소녀의 역겨운 일가족 때문에 이 환자는 매일 더 많은 그리스도인을 접할 것이다. 그것도 아주 똑똑한 그리스도인들을 말이지. 오랫동안 환자의 삶에서 신앙을 **제거할** 수 없었는데, 그렇다면 그의 신앙을 **변질시키면** 된다. 물론 네가 자주 광명의 천사로 가장해 그를 홀리려 했다만, 이제 원수(악마의 입장에서 원수는 하나님이다 — 옮긴이)와 정면 승부를 벌일 때가 됐어. 세상과 육신을 이용한 유혹에는 실패했으니 세 번째 무기를 쓰자. 이걸로 이겨야 가장 영광스러운 성공이지. 사람을 농락해 지옥에 빠뜨리는 데는 평범해 빠진 폭군이나 난봉꾼보다 타락한 성도나 바리새인, 꼬치꼬치 따지는 인간, 점쟁이가 더 능한 법이거든.

네 환자의 새 친구들을 둘러보니 가장 좋은 공격 지점은 신학과 정치의 접점에 있더구나. 그들 중에 신앙으로 사회에 선한 영향을 미치려는 열성파가 여럿 있거든. 그 자체는 나쁜 것이지만 이 또한 우리가 선용하면 되지.

너도 알게 되겠지만 기독교 정치를 논하는 상당수 작가는 기독교가 아주 초기부터 잘못되어 창시자의 교리에서 벗어났다고 생각해. 그 생각을 우리가 이용해 다시 '역사적 예수' 개념을 부추겨야 한다. '역사적 예수'를 찾아내려면 후대에 '첨가된 왜곡'을 걷어내고 기독교 전통을 몽땅 재고해야 한다고 말이지. 지난 세대에는 우리가 그런 구성 개념을 자유주의와 인도주의 맥락에서 홍보했는데, 이제 새로운 '역사적 예수'를 마르크스주의와 격변과 혁명의 맥락에서 제시할 거야. 우리가 대략 30년 주기로 바꾸려 하는 이런 구성 개념은 아주 이점이 많다.

첫째로, 이것은 모두 사람을 홀려 존재하지도 않는 무언가에 헌신하게 만들지. 각각의 '역사적 예수'는 정작 역사와는 거리가 멀거든. 기존 문헌 자체를 개작할 수는 없으니, 그중 일부는 축소하고 일부는 과장해서 매번 새로운 '역사적 예수'를 만들어 내야 돼. 보통 사람이야 누구도 (우리가 인간에게 시키는 대로 '탁월하다'라는 수식어를 붙일 만한) 이런 억측에 돈 한 푼 들일 마음이 없겠지만, 그런 억측이 워낙 많다 보니 출판사마다 그것을 소재로 해서 새로운 나폴레옹, 새로운 셰익스피어, 새로운 스위프트 등의 신간 목록을 내놓곤 하지.

둘째로, 그런 구성 개념은 다 역사적 예수의 중요성을 예수가 퍼뜨리지 않은 이상한 이론에서 찾는다. 이를테면 '위인'이라는 단어의 현대적 의미에서 예수가 위인이어야 한다는 거지. 예수가 일탈과 파격의 사상적 정점에서 만병통치약을 파는 기인(奇人)이란 뜻이야. 이렇게 우리는 사람들의 사고를 교란해 예수가 진짜 누구이고 무엇을 했는지를 보지 못하게 만들지. 일단 그를 순전히 스승으로만 보게 만든 다음, 그의 가르침과 모든 위대한 도덕 스승들 사이의 요긴한 공통점을 슬쩍 가리는 거야. 사람들이 알면 안 되는 게 있어. 원수가 모든 위대한 성인을 보낸 목적은 인간에게 새로운 것을 가르치기 위해서가 아니라 예로부터 내려온 기본 도덕을 재차 일깨우기 위해서라는 거지. 그래서 우리는 그 도덕을 늘 묻어 두는 거야. 우리가 궤변론자들을 길러 내면 원수는 소크라테스 같은 사람을 일으켜 그들을 논박하게 하니까.

셋째로, 이런 구성 개념의 또 다른 목적은 신앙생활을 무너뜨리는 거야. 인간들이 기도와 성례를 통해 경험하는 원수의 진짜 존재를 그럴듯하지만 그들과는 거리가 먼 애매하고 투박한 인물로 대체하는 거지. 낯선 언어로 말하다가 오래전에 죽은 사람, 그런 사람을 정말 예배할 수는 없거든. 그래서 예수는 피조물이 경배하는 창조주이기는커녕 머잖아 지지자의 환호를 받는 지도자가 되었다가 결국 학구파 역사가에게나 인정받는 위인으로 남게 돼.

넷째로, 이런 종교는 예수를 역사적 사실과 다르게 묘사할 뿐 아니라 더 넓은 의미에서도 역사를 왜곡하지. 예수의 전기를 순전히 역사적 전기로만 공부해서 원수의 진영으로 넘어간 나라는 하나도 없고 그런 개인도 드물어. 오히려 본격 전기에 포함될 만한 내용은 인간에게 주어지지도 않았지. 최초의 회심자들은 예수의 부활이라는 역사적 사실 하나와 구원이라는 신학적 교리 하나에 근거해 회심했고, 구원의 전제가 되는 죄의식은 이미 그들에게 있었거든. 게다가 여기서 말하는 죄란 어떤 '위인'이 새로 제정한 사치 단속법을 어기는 죄가 아니라, 그들이 어려서부터 가정에서 배운 오래되고 뻔한 보편 도덕법을 어기는 죄다. '복음서'가 나온 건 나중이고, 복음서를 쓴 목적도 사람들을 그리스도인으로 만들기 위해서가 아니라 이미 그리스도인이 된 그들을 양육하기 위해서지.

그래서 '역사적 예수'를 늘 부추겨야 한다는 거야. 때로 우리에게 아주 위험해 보일지라도 말이지. 기독교와 정치의 전반적 관계에 대해서라면 우리의 입장은 그보다 미묘하다. 물론 기독교가 사람들의 정치 생활로 흘러드는 것은 우리가 바라는 바가 아니지. 그러다 진정한 정의 사회 같은 게 세워진다면 엄청난 재앙일 테니까.

하지만 그와 동시에 우리가 간절히 바라는 게 있어. 바로 사람들이 기독교를 수단으로 삼는 거야. 물론 자기 잘되려는 수단이라면 더 좋겠지만, 그게 안 된다면 사회 정의까지 포함해 무엇을 위한 수단이든 다 괜찮다. 우리가 그들에게 할 일은 우선 사회 정의를 원수의 요구 사항이라고 떠받들게 한 다음, 기독교를 사회 정의를 이루는 방편으로서 중시하는 단계로 몰아가는 거야. 원수 자신이 인간의 편의를 위해 이용당할 일은 없을 테니까. 좋은 사회를 건설할 목적으로 신앙을 되살릴 수 있다고 생각하는 사람이나 나라일수록 천국을 현세적 유익을 얻는 지름길로 삼기도 쉬운 법이지. 다행히 인간을 구슬려 그렇게 살짝 편법을 쓰게 하기는 아주 쉽다.

오늘도 어떤 그리스도인 작가의 글을 보니, 자기 버전의 기독교를 권유하는 근거가 "이런 신앙만이 낡은 문화의 죽음과 신문명의 탄생보다 오래 살아남을 수 있기" 때문이라고 했더라. 미세한 차이가 보이나? "이것을 믿되 그게 진리라서가 아니라 뭔가 다른 이유로 믿으라"잖아. 그게 바로 우리의 수법이다.

너를 사랑하는 삼촌

스크루테이프로부터

《스크루테이프의 편지》 23편

하나님의 고뇌와 소외

요한복음 13:1-11
시편 31:1-5

다 잘될 수도 있네. 정말이야. 하지만 그동안 자네는 기다려야 하네. 엑스레이 결과와 전문의 소견이 나올 때까지 말일세. 기다리는 동안에도 삶은 계속된다네. 땅속에 들어가 동면이라도 할 수 있다면 얼마나 좋겠나. 게다가 (자네는 나보다 강하지만 내 경우에는) 불안에 따르는 무서운 부산물이 있네. 생각들이 끊임없이 맴돌 뿐 아니라, 말도 안 되는 징조를 찾고 싶은 이교적 유혹까지 느껴지지. 그래서 우리는 기도하지만, 이런 기도는 그 자체가 다분히 일종의 고뇌라네.

어떤 이들은 불안하면 죄책감을 느끼고 믿음이 부족한 탓이라 여기지만, 내 생각은 전혀 다르네. 불안은 죄가 아니라 고통일세. 모든 고통이 그러하듯 불안도 생각하기에 따라 그리스도의 수난에 동참하는 일이라네. 그 수난의 첫 단계는 겟세마네에서 시작되었지. 겟세마네에서 아주 이상하고 의미심장한 일이 벌어졌던 것 같네.

우리 주님은 친히 누누이 말씀하셨듯이 분명히 자신의 죽음을 오래전부터 내다보셨네. 자신의 말과 행동이 인간 세상에 어떤 결과를 불러올지 아셨지. 그런데 겟세마네에서 기도하시기 전에 아무래도 그분에게서 그 지식이 거두어진 것이 분명하네. 아무리 아버지의 뜻을 단서로 다셨다 해도, 잔이 옮겨지지 않을 줄 뻔히 아시면서 그 잔을 옮겨 달라고 기도하실 수는 없으니 말일세. 논리적으로나 심리적으로나 불가능한 일이네.

그렇다면 어찌된 일일까? 인간이 보편적으로 겪는 시련이라면 어느 하나 빠뜨리지 않겠다는 듯, 마지막 순간에 희망 고문이 그분에게도 덮쳤네. 긴장감과 불안이었지. 어쩌면 그분은 극한의 공포를 결국 면할 수도 있으리라는 희미한 가능성을 보신 것이네. 전례가 있지 않은가. 이삭도 죽음을 면했는데 그때도 마지막 순간의 구사일생이었지. 그러니 불가능한 일은 아니었던 것일세. … 게다가 틀림없이 그분은 십자가에서 처형된 사람들을 보신 적이 있었을 것이네. … 우리가 보아 온 대부분의 성화나 성상과는 사뭇 다른 처참한 광경이었겠지.

최후의 (그리고 잘못된) 실낱같은 희망, 그로 인한 영혼의 동요, 핏방울 같은 땀 등이 없었다면 그분은 온전한 인간이 아니었을 것이네. 완전히 예측 가능한 세상에 산다면 그것은 인간의 삶일 수 없네.

결국 천사가 나타나 주님께 "힘을 더하더라"라고 성경은 말하지. 16세기 영어의 "컴포팅"(comforting)으로 옮겼는데 그 단어에도, 헬라어 원문 '에니스쿠온'(ἐνισχύων)에도 '위안하다'라는 뜻은 없어. '힘을 더하다'가 정확한 뜻이네. 천사의 행위는 예수님이 이 잔을 마셔야만 하며 능히 마실 수 있다는 확신을 그분에게 되살려 드린 것 아니었을까? 위안치고는 달갑지 않은 위안이었던 셈이지.

우리도 실제 고통이 닥치면 어떻게든 받아들이고 복종하려 하지. 그러나 겟세마네의 기도에서 보듯이, 고통 이전의 불안도 똑같이 하나님의 뜻이며 똑같이 우리네 인간 앞에 놓인 숙명이네. 온전한 인간이신 주님도 이를 겪으셨는데, 종이 주인보다 클 수는 없지 않은가. 우리는 스토아학파 같은 극기주의자가 아니라 그리스도인이네.

우리 인간의 고난도 그리스도의 수난과 공통점이 있음을 그 수난의 매 순간이 똑똑히 보여 주지 않는가? 우선 그리스도는 고뇌의 기도를 드리셨으나 받아들여지지 않았네. 이어 친구들에게 의지하려 하셨으나 그들은 잠들어 있었지. 우리의 친구들이나 우리도 걸핏하면 잠들거나 바쁘거나 멀리 있거나 다른데 정신이 팔려 있지 않은가. 이에 그분은 교회를 보셨으나 그분이 세우신 교회가 바로 그분을 단죄했네. 이 또한 전형적이야. 모든 교회와 기관에는 얼마 못 가 그 존재 목적에 역행하는 요소가 생겨나지.

다행히 또 다른 가망성이 보였네. 바로 정부인데 이 경우에는 로마 정부였지. 로마 정부는 이 일에 개입하려는 의욕이 유대 교회보다 훨씬 적었지만, 바로 그래서 그 땅의 광신으로부터 자유로울 수도 있었네. 세상 기준으로 볼 때 로마는 대체로 정의를 표방했네. 물론 그 정의는 정치적 편의와 국익에 부합할 때에 한해서였으니, 누구라도 복잡한 장기판의 졸이 되기 쉬웠지. 그래도 그분에게 아직은 희망이 있었으니 곧 백성에게 호소하는 것이었네. 그 가난하고 순박한 무리에게 그분은 지금까지 복을 베풀어 병을 고쳐 주시고 먹이시고 가르치셨으며, 친히 그 일원으로 사셨으니 말일세. 그러나 그들마저도 하룻밤 사이에(흔한 일이지 않은가) 살의에 찬 폭도로 변해 그분의 피를 요구했네. 마침내 그분께는 하나님밖에 남지 않았지. 그런데 하나님이신 그분이 하나님께 하신 마지막 말씀이 이것이었네. "어찌하여 나를 버리셨나이까."

보다시피 이 모두가 인간의 실존을 적나라하게 보여 주는 전형이자 표본이네. 인간이라면 피할 수 없는 현실이지. 붙잡는 동아줄마다 끊어지고, 다가서기만 하면 문이 쾅 닫히네. 달아나 봐야 사방에 쳐진 울타리에 갇힌 여우와도 같아.

그분이 결국 사방에서 버림받으신 일을 우리가 어떻게 이해하거나 소화할 수 있겠는가? 하나님 자신도 가장 절실한 순간에 하나님께 외면당하시지 않고는 인간이 되실 수 없는 것인가? 만일 그렇다면 왜 그런 것인가? 나는 우리가 창조 개념에 함축된 의미를 조금이라도 이해했는지 의문스러울 때가 있네. 하나님이 창조하신다면 무언가를 존재하게 하되 그분 자신은 아니어야 하네. 피조물이란 어떤 의미에서 방출되거나 분리된 존재지. 더 온전한 피조물일수록 어느 시점에서 더 온전히 분리되어야 하지 않을까?

"[영혼의] 어두운 밤"을 경험하는 사람은 범인(凡人)이 아니라 성인(聖人)이며, 반역하는 존재는 짐승이 아니라 인간과 천사라네. 무생물은 그냥 창조주의 품에 잠들어 있지. 평소에 하나님과 가장 친밀한 사람일수록 그분의 "숨어 계시는" 면이 가장 고통스럽게 느껴질 것이네. 그래서 인간이 되신 하나님 자신이 모든 인간 중에서 하나님께 가장 처참히 버림받으신 것일까?

17세기 한 신학자는 "하나님이 인간의 눈에 보이는 존재인 듯 행세하신다면 이는 세상을 속이는 것일 뿐이다"라고 말했네. 어쩌면 하나님은 충분히 "위안을 느껴야만" 하는 순박한 영혼들에게 잠시만 그렇게 행세하시는지도 모르네. 그들을 속이시려는 것이 아니라 털 깎인 양이 바람을 맞지 않게 하시려고 말일세. 물론 라인홀드 니버처럼 유한성에 악이 내재되어 있다고 말하려는 건 아니야. 그 말은 창조를 타락과 동일시해 하나님을 악의 출처로 만들지. 다만 창조 행위에는 하나님의 고뇌와 소외와 십자가도 포함되어 있었을 걸세. 그런데도 유일하게 판단할 자격을 갖추신 그분은 태초의 완성품을 보시고 그만한 가치가 있다고 판단하신 게지.

《개인 기도》 8장

죽음을 멸하신 그리스도

마태복음 27:1-54
시편 22:1-11

문학사가로서 완전히 확신하는 것이 있다. 복음서가 다른 무엇일 수는 있어도 전설만은 아니라는 것이다. 전설을 많이 읽어 보았지만 복음서는 분명 전설과는 다르다. 전설이 되기에는 기교가 부족하다. 상상력의 관점에서 보면 엉성해서 전개 과정이 매끄럽지 못하다. 예수님의 생애 대부분은 당시에 살았던 여느 사람의 일생만큼이나 전혀 알려진 바가 없는데, 전설을 그렇게 지어 낼 사람은 아무도 없다. 내가 알기로 고대 문학에 나오는 대화 가운데 요한복음과 비슷한 것은 플라톤의 일부

대화편을 제외하고는 없으며, 사실주의 소설이 출현한 약 100년 전까지는 근대 문학에도 없었다.

간음하다 잡혀 온 여인의 이야기에 보면 그리스도께서는 몸을 굽혀 손가락으로 땅에 글씨를 쓰셨다. 그런데 그래서 어쨌다는 말이 없다. 여태 이 사건을 근거로 어떤 교리를 도출한 사람도 없다. 가상의 장면에 사실성을 더하려고 맥락 없는 세부 사항을 **꾸며 내는** 기법은 순전히 현대 작법이다. 이 본문은 그런 일이 실제로 있었다는 것으로밖에 설명될 수 없다. 저자가 그렇게 쓴 이유는 그냥 그것을 **보았기** 때문이다.

가장 이상한 이야기는 단연 예수님의 부활이다. 이 이야기만은 확실하게 알아야 한다. 어떤 사람이 내가 듣는 데서 이렇게 말했다. "예수님이 부활하신 의의는 인간이란 존재가 사후에도 지속된다는 증거를 보이신 데 있다." 이 관점대로라면 그리스도께 벌어진 일은 모든 인간에게 늘 벌어졌던 일이며, 차이라면 그분의 경우는 널리 알려졌다는 것뿐이다. 하지만 초기 그리스도인 작가들은 전혀 그렇게 생각하지 않았다. 우주 역사 속에 완전히 새로운 일이 벌어졌다. 그리스도는 죽음을 멸하셨다. 늘 잠겨 있던 문을 최초로 힘차게 열어젖히셨다.

이것은 유령으로 사는 것과는 전혀 다르다. 그들이 유령을 믿지 않았다는 말이 아니다. 오히려 여러 번 자신이 유령이 **아니라고** 그리스도께서 안심시켜 주셔야 했을 만큼 그들은 유령을 굳게 믿었다. 요점은, 그들이 유령을 믿으면서도 예수님의 부활만은 완전히 새로운 사건으로 보았다는 것이다. 부활 이야기는 인간 존재가 사후에도 지속된다는 증거가 아니라 우주에 완전히 새로운 존재 양식이 도래했다는 기록이다. 우주에 뭔가 새로운 것이 등장했으며 이는 처음 창조된 생명체만큼이나 새로운 것이다. 인간 예수님은 사후에 '유령'과 '시신'으로 나뉘지 않았다. 새로운 존재 양식이 도래했다. 이것이 부활 이야기다. 이것을 어떻게 생각할 것인가?

내 생각에 문제는 이런 사실을 기독교의 가설만큼 잘 설명해 줄 가설이 있느냐는 것이다. 기독교의 가설은 하나님이 창조 세계의 인간에게 내려오셨다가 인간을 이끌고 다시 올라가신다는 것이다. 이 사건을 전설이나 과장이나 유령의 출현으로 보는 가설은 대안이 될 수 없다. 허튼소리나 거짓말이기 때문이다. 후자의 가설을 받아들일 수 없을진대(나는 받아들일 수 없다) 남는 것은 기독교의 가설뿐이다.

"예수 그리스도를 어떻게 생각할 것인가?" 우리가 그분을 어떻게 생각할 여지는 없다. 그분 쪽에서 우리를 어떻게 생각하실 것이냐는 문제만 남아 있다. 당신은 이 이야기를 받아들이든지 거부하든지 결정해야만 한다.

예수님이 하신 말씀은 다른 어떤 스승의 말과도 확연히 다르다. 그들은 "이것이 우주에 대한 진리니 당신도 이 길로 가야 한다"라고 말하지만 예수님은 이렇게 말씀하신다. "**내가** 곧 길이요 진리요 생명이니 아무도 나를 통하지 않고는 궁극의 실재에 이를 수 없다. 목숨을 지키려 하면 반드시 망하지만 자신을 내려놓으면 구원받는다. 네가 나를 부끄러워하여 이 부름을 듣고도 외면한다면 나도 변복을 벗고 하나님으로 다시 올 때 너를 외면할 것이다. 하나님과 내게 오지 못하도록 너를 막는 게 있다면 그것이 무엇이든 버려라. 네 눈이라면 뽑아내고 네 손이라면 잘라 내라. 먼저 되려 하면 나중 될 것이다. 무거운 짐을 진 사람은 다 내게로 오라. 내가 해결해 주겠다. 내가 능히 네 모든 죄를 씻어 주겠다. 나는 부활이고 생명이다. 나는 너의 양식이니 나를 먹고 마시라. 끝으로, 내가 온 우주를 이겼으니 두려워하지 말라." 이것이 핵심이다.

《피고석의 하나님》,

"예수 그리스도를 어떻게 생각할 것인가?"

* * *

"어찌하여 나를 버리셨나이까." 우리 주님이 십자가에서 외치신 이 말씀은 그분이 인간의 경험 속으로 들어가 완전히 버림받는 지경까지 이르셨다는 뜻입니다. 어느 순간, 자신의 신성조차 더는 느껴지지 않고 자신의 부활도 내다보이지 않았겠지요.

예수님께 선물로 주어진 인성은 결코 거두어지지 않았습니다. 그리스도는 여전히 인간이십니다. (아타나시우스 신경에도 나와 있듯이) 그분이 신성 속으로 취하신 인성은 그대로 남아 있지요. 우리의 **교두보**는 안전합니다.

이 사람들이 **원하는** 것은 무엇일까요? 그들이 상상하는 예수님은 십자가에 못 박히신 상태에서도 정말 "이 정도로는 아프지 않다"라고 객기라도 부리셨다는 것일까요? 살가죽이 벗겨진 등은 꺼끌꺼끌한 나무 기둥에 붙어 버렸고, 처음 세 시간 동안은 팔레스타인의 땡볕이 내리쬐고, 머리와 손과 발에 파리 떼가 꼬이고, 얼굴은 멍과 고름과 침과 피와 눈물과 땀으로 온통 범벅되어 있고, 자세 때문에 허파의 열상(裂傷)이 점점 심해지는 그 상태에서 말입니다.

The Collected Letters of C. S. Lewis(C. S. 루이스 서한집)

제3권 1944년 5월 9일

/ 40일 /

천국의 소망

마태복음 27:55-66
시편 2:1-12

오드리 서덜랜드에게 보낸 편지다. 두 번째 글인 시는 루이스가 회심하기 전에 쓴 것이지만 광활하고 신비로운 우주를 담아냈다.

당신 생각이 맞다고 봅니다. 대다수 고대 민족에게는 천국의 소망이 없었지요. 물론 일부 특출한 개인을 신격화해 올림포스산에서 살도록 했지만, 엘리야가 불 수레를 타고 하늘로 올라간 것이 우리에게 예외적인 사건인 만큼이나 그들에게도 그것은 예외에 속했으니까요. 이집트 민족에 대해서는 굳이 답하지 않겠고, 그리스의 '신비' 종교들에 대해서도 마찬가지입니다.

그보다 훨씬 중요한 것은 이 고대인이 옳았을 수도 있다는 것입니다. 신약 성경이 늘 말하는 그리스도는 영광스러운 내세의 가능성을 가르치거나 예시하신 분이 아니라 애초에 그 가능성을 창조하신 분입니다. 그분이 인간으로 오셔서 믿음의 주요, 첫 열매로서 그 문을 힘차게 여셨지요. 물론 이것은 우리 주님이 옥의 영들에게 선포하셨다고 한 베드로전서 3장 19절과도 조화를 이루며, 그분이 "지옥(스올 또는 하데스)에 내려가신" 이유도 그것으로 설명됩니다(사도신경 원문에 이 문구가 있다 — 옮긴이). 그분의 부활 이전에 죽은 자들의 운명은 마치 **실제로는** 절반만 살아 있는 희미한 유령에 불과했던 것처럼 보입니다. 정말 그랬을 것 같아요.

중세 작가들은 "지옥 강하"를 즐겨 묘사했지요. 지옥 강하란 그리스도께서 지옥에 내려가 영원한 문을 열고 자신이 택하신 사람들을 데리고 나오신다는 개념인데, 저도 그와 비슷하게 믿습니다. 그리스도께서 성육신하시기 오래전에 살았던 이들이 어떻게 그분이 이루신 일을 통해 구원받을 수 있는지가 그것으로 설명되니 말입니다.

The Collected Letters of C. S. Lewis(C. S. 루이스 서한집)

제3권 1960년 4월 28일

* * *

그대 밤이여, 온종일 애태우다 실패하고
생각마저 지친 우리에게 다가와
부드러운 입맞춤으로 시름을 달래고
모든 작은 소란을 가라앉혀 다오.
죽음의 혈족 중에서 가장 자비로운 그대는
대기의 장막을 가르며 어둠을 타고 와
우리를 덮고, 먼동이 틀 때까지
부드럽고도 강한 마법의 졸음과 단꿈과
연인의 애틋한 즐거움을 온 땅에 흩뿌리누나.
이렇게 매일 고요한 나라와
은하수 너머의 궁전을 떠나는 그대지만,
낮 동안 그대가 그곳에 머물 때는
우리의 허황한 꿈이 거품처럼 출렁이고
어지러운 상념이 달빛이 조요하게 비칠
머나먼 그곳에까지 떠돈다오.
그러다 마침내 대망의 때가 이르면
그대의 전각 앞에 상아빛 문이
소리 없이 저절로 열리면서
보석으로 꾸며진 마차를 거느리고

수려한 준마들이 대령하나니.
앞에 앉아 몸을 숙여 말을 모는 그대,
바다처럼 검은 머리칼을 잔물결 치듯
허리까지 싱그럽게 늘어뜨리고
아름답고 뽀얀 팔로 자유로이 채찍을 들어
드넓은 천상을 밝히는 불빛 사이로
한 쌍의 말을 마음껏 달리며
발밑으로 별무리를 흩뿌리도다.
그대 한없이 너그러운 밤이여,
속히 하늘에서 그림자 나라로 내려와
그대의 포근한 꿈과 빛을 풀어내어
가장 자상한 사랑과 신중한 의술로
지치고 상한 우리 마음을
다시 한 번 싸매어
깊이 잠들게 해 다오.

Spirits in Bondage(영혼의 굴레), "밤"

부활 이야기는

인간 존재가 사후에도 지속된다는 증거가 아니라

우주에 완전히 새로운 존재 양식이

도래했다는 기록이다.

C. S. Lewis

Preparing for Easter

부활절

죽음을 받아들이고 영생을 얻다

아직 죽지 않았다면
당신 안의 그 무엇도 부활하지 못한다.

부활을 기뻐하며

누가복음 24:1-53
시편 44:1-8

우리는 자아에서 벗어나 그리스도 안으로 들어가야 한다. 그리스도의 뜻이 우리의 뜻이 되어야 한다. 성경 말씀대로 "그리스도의 마음을 가"지고(고전 2:16 — 옮긴이) 그분의 생각을 생각해야 한다. 그런데 그리스도는 한 분이시니 그분이 모두 '안에' 계시면 우리 모두 똑같아지지 않을까? 분명히 그럴 것 같지만 사실은 그렇지 않다.

이것을 설명할 만한 적절한 예화를 찾기는 어렵다. 창조주와 피조물의 관계와 똑같은 관계는 당연히 세상 어디에도 없기 때문이다. 그래도 이 진리를 이해하는 데 조금이나마 도움이 되도록 너무나 부족하나마 두 예화를 들어 보겠다.

많은 사람이 평생 어둠 속에서 살아왔다 하자. 당신이 그들에게 가서 빛이 무엇인지 설명해 준다. 빛 가운데로 들어온다면 모두 똑같은 빛을 받아 반사할 것이고, 그래서 서로를 볼 수 있다고 말이다. 그러면 그들은 이렇게 생각하지 않을까? 모두 똑같은 빛을 받아 똑같이 반사할 테니 모두의 모습이 똑같아 보일 거라고 말이다. 하지만 우리가 알다시피 빛은 오히려 개개인의 차이점을 이끌어 내거나 드러낸다.

두 번째 예화는 이것이다. 소금을 모르는 사람이 있다 하자. 그에게 소금을 조금 주어 톡 쏘는 짠맛을 경험하게 만든 뒤, 당신의 나라에서는 모든 요리에 소금을 넣는다고 말해 주면 이런 대답이 돌아오지 않을까. "그러면 음식 맛이 다 똑같겠군요. 방금 내게 준 그것의 맛이 워낙 강해서 다른 맛을 다 죽일 테니까요." 하지만 우리가 알다시피 소금의 진짜 효과는 정반대다. 소금은 달걀과 곱창과 양배추의 맛을 죽이기는커녕 오히려 각각의 맛을 살린다. 무엇이든 소금을 쳐야 제맛이 난다. (말했듯이 썩 좋은 예화는 아니다. 소금을 너무 많이 넣으면 다른 맛을 정말 덮어 버릴 수 있지만, 인간 개성의 맛은 그리스도를 아무리 넣어도 죽지 않는다. 나는 최선을 다해 설명하고 있다.)

그리스도와 우리의 관계도 이와 비슷하다. '자아'를 버리고 우리를 그분께 넘겨 드릴수록 우리는 더 자기다워진다. 그리스도는 워낙 풍성한 분이어서 각기 다른 '작은 그리스도'가 무수히 많이 모여도 그분을 다 담아내기에는 역부족이다. 그분은 우리 모두를 지으셨다. 소설가가 등장인물을 다 다르게 짓듯이 그분도 당신과 나를 서로 다르게 창조하셨다. 그런 의미에서 우리의 참자아는 모두 그분 안에서 우리를 기다리고 있다. 그분 없이 '나 자신이 되려고' 해 봐야 소용없다. 그분을 밀어내고 내 힘으로 살려 들수록 나는 유전자와 교육과 환경과 본능에 더 지배당한다. 그 이름도 자랑스러운 '내 자아'는 내가 시작한 적도 없고 멈출 수도 없는 일련의 사건이 한곳으로 수렴된 결과가 될 뿐이다.

'내 소원'도 내 육체에서 분출했거나 다른 사람들의 생각이 내게 주입되었거나 심지어 마귀가 불어넣은 갈망에 불과하다. 열차 맞은편 좌석의 여자에게 구애하려는 결심은 순전히 내 의지와 혜안에 의한 것이라고 나는 으쓱대지만, 이 또한 계란과 술과 간밤의 숙면이 만든 것이다. 내 정치 성향도 사실은 선전에 넘어가면서 시작됐다. 이렇듯 자연인 상태의 나는 내가 생각하는 나와는 사뭇 다르다. '나'의 거의 모든 측면은 아주 쉽게 설명된다. 진정한 나만의 개성을 찾으려면 그리스도께 가서 개성이 뚜렷하신 그분께 나를 내어 드려야 한다.

하나님께 개성이 있다고 서두에서 말했다. 이제 한 걸음 더 나아가, 진정한 개성은 다른 어디에도 없다고 말하겠다. 당신의 자아를 그분께 내어 드리지 않는 한 참자아를 얻을 수는 없다. '자연인'일수록 모두 똑같지만, 그리스도께 순복한 이들은 그렇지 않다. 유명한 폭군과 정복자를 보면 얼마나 천편일률적인가. 반면 모든 성도는 얼마나 영광스럽게 각자 다른가.

그러려면 자아를 정말 내려놓아야 한다. '무조건 다' 버린다고 표현해도 좋다. 그리스도께서는 과연 진정한 개성을 주시겠지만, 그것을 얻을 목적으로 그분께 가서는 안 된다. 자신의 개성에 신경 쓰는 한, 당신은 조금도 그분께 가는 것이 아니다. 자아를 완전히 잊으려는 자세로 시작해야 한다. 당신의 새로운 참자아는 그리스도의 것이자 당신의 것인데, 그분의 것일 때에만 당신의 것이다. 참자아는 당신이 그것을 구하면 오지 않고 그리스도를 구해야 온다. 이 말이 이상하게 들리는가?

알다시피 동일한 원리가 더 많은 일상사에도 적용된다. 대인관계에서 자신이 어떤 인상을 주는지 계속 생각하는 한, 결코 사람들에게 좋은 인상을 줄 수 없다. 문학과 예술에서 독창성에 신경 쓰는 사람치고 독창성을 발휘하는 사람은 없다. 반면에 (이미 얼마나 회자된 내용이든 전혀 개의치 않고) 단순히 진실을 말하려 하면, 열에 아홉 번은 자신도 모르게 독창성이 살아난다. 이 원리는 삶 전체를 속속들이 관통한다.

자신을 내려놓으면 참자아를 얻는다. 목숨을 잃으면 오히려

려 목숨을 구원받는다. 죽음을 받아들이라. 날마다 당신의 야망과 애틋한 소원에 대하여 죽으라. 마침내 몸의 죽음까지도 당신의 온 존재를 다해 받아들이라. 그러면 영생을 얻는다. 아무것도 남겨 두지 말라. 아직 놓아 보내지 않았다면 어느 것 하나 당신 것이 아니다. 아직 죽지 않았다면 당신 안의 그 무엇도 부활하지 못한다. 자신을 추구하면 결국 미움과 외로움과 절망과 분노와 파멸과 부패밖에 얻지 못한다. 그러나 그리스도를 추구하면 그분은 물론 모든 것을 덤으로 얻는다.

《순전한 기독교》, "새 사람"

* * *

이렇게 말하는 아슬란은 더 이상 사자로 보이지 않았다. 그 이후 일어난 모든 일은 너무도 위대하고 아름다워 글로 표현할 수가 없다. 우리에게는 이것이 모든 이야기의 끝이며, 우리가 진심으로 할 수 있는 말은 그들 모두 영원히 행복하게 살았다는 것뿐이다. 그러나 그들에게는 이것이 진짜 이야기의 시작일 뿐이다. 그들이 우리 세상에서 보냈던 삶과 나니아에서 겪은 모든 모험은 책의 표지에 지나지 않는다. 이제 그들은 지구상의 어느 누구도 읽지 못한 위대한 이야기의 제1장을 드디어 펼치는 중이다. 그 이야기는 영원히 계속될 것이며, 새로운 장이 열릴 때마다 이전 장보다 훨씬 나아질 것이다.

《마지막 전투》, "그림자 나라여 안녕!"

PREPARING

FOR

EASTER